SHUIXI SHUXI

水西·书系

给老师的建议

GEI LAOSHI DE JIANYI

陈茂林 著

山西出版传媒集团
山西教育出版社

图书在版编目（CIP）数据

给老师的建议 / 陈茂林著. -- 太原：山西教育出版社，2021.1

（爱的驿站）

ISBN 978-7-5703-0524-7

Ⅰ.①给… Ⅱ.①陈… Ⅲ.①中小学教育—文集 Ⅳ.①G63-53

中国版本图书馆CIP数据核字（2021）第010285号

给老师的建议

GEI LAOSHI DE JIANYI

责任编辑 樊丽娜
复　　审 刘继安
终　　审 李梦燕
装帧设计 陈　晓
印装监制 蔡　洁

出版发行 山西出版传媒集团·山西教育出版社
（太原市水西门街馒头巷7号 电话：0351-4729801 邮编：030002）
印　　装 山西人民印刷有限责任公司
开　　本 890×1240 1/32
印　　张 11
字　　数 222千字
版　　次 2021年5月第1版 2021年5月山西第1次印刷
书　　号 ISBN 978-7-5703-0524-7
定　　价 48.00元

再版说明

这本小书是2001年5月第一版第一次印刷的，到2008年一共印了十次。2010年，本书责任编辑樊爱香女士建议增加些内容再出第二版，当时我身体不适，未敢答应。2012年，借助《德育报》，我又逼着自己连发了50篇与第一版风格相同的小文，加上原来的，这就是第二版的全部内容。

为了便于阅读，本书将内容进行了分类，划分为“加强自身修养”“更新教育观念”“探索教育艺术”“深入教学改革”“关注学生心理”“重视教育科研”“重塑教育生态”七个部分。因为自身修养说到底是教育观念的问题，教育观念又决定着教学改革，教育本身就是一门艺术，所有的教育教学活动都必须重视学生的心理活动，一个教师只有具备科研意识，参与科研实践，才能不断提高自己。而老师或者教育工作者一切的努力都是为了重塑教育生态。因此，所有的内容互相渗透，彼此依存，很难分清。现在这样划分，只是相对的，供大家阅读时参考。

2020年因疫情的缘故，有大段时间安心居家创作，应新任责任编辑樊丽娜女士的建议，对书稿做了相应的调整，是为第三版。

陈茂林

2020.8

忠诚于我们的事业

张卓玉

拿起笔准备为《给老师的建议》写序时，想起了二十多年前读大学时经历的一件事。当时教我们古典文学的老教授在课堂上讲道：“我不习惯直呼周恩来，总愿意称周总理，这也许是同学们难以理解的。”那时我们一群书生意气的大学生也确实感到老先生有些迂腐。当今天我要写这一小序时，当我不能不写到本书作者的名字时，我才理解了当年我的老师的心情。是的，敬重之感是何等的纯洁，何等的高尚，又何等的威严！

1984 年至 1998 年，本书作者任山西省教育学院院长。书中所谈及的事情，多是这个时期的所见所闻，而书中所表达的思想与感情，应该说是陈院长从教近四十年的思考与体悟。全书没有高深莫测的理论，没有居高临下的说教。细细读来，无不入情入理，沁人心脾，如清泉小溪，如微风细雨，如促膝谈心，让人感到清新，让人首肯，激发人去想些什么，促使人去做些什么。假若读者有同样感受的话，我们是否应当思考，这些文章的魅力从何而来？

我想，是来自人格的力量。一篇好的文章，材料来自生活，语言来自才华，而思想与品味则来自作者的人格。建议的字里行间都体现着一个老教育工作者平凡的、平静的而又纯真的、高尚的精神世界，令人有高山仰止的感觉。读这些文章，与其说想到的是教师怎样教学生，不如说想到的是教师怎样修炼自己。《付出租汽车费引发的思考》一文谈到了付出租车费的一件小事。读到此文，我在心底默默地说：“永远的楷模。”若干年前一次闲谈时，陈院长讲到，“休息日我是不用车的，因为司机也要过节假日”。后来我官至可坐小车后，始终没有忘记这句话。现在看来，老院长值得我——也许是我们学习的，还有很多很多。

我想，是来自对事业的忠诚。请读者原谅我讲一点题外的话。二十多年前，一介书生的我走进教育领域，开始在陈院长的领导下工作。先当教师，再做《德育报》社社长，后任教务处处长。回首往事，我惊叹：那些年里，陈院长为什么能和我这个青年人配合得那么融洽呢？我想，唯一的解释是：我们共同爱着一种事业——教育。忠诚包含着责任感和爱心，而教育事业正是那种需要责任感和爱心的事业。我常讲，我们无须要求股民们热爱他们的事业，但是，我们必须要求教师热爱自己的事业。没有爱心，不配做教师；仅有一般的爱心，只能做一个普通的教师；具有浓烈爱心的人，才可能成为一个优秀的教师。百条建议的一个首要前提：忠诚于我们的事业。

由忠诚的话题我想到了《德育报》。《德育报》创办于20世纪90年代初期，那是一个市场意识涌动神州的时代。那种时代背景下，能想到办一份以道德教育为主题的报纸，确实是需要勇气的。陈院长想到办《德育报》，力主办《德育报》，而且一直坚持办报方向不动摇。报纸白手起家，从无到有。此间所经历的风风雨雨、酸甜苦辣，凡有过创业体验的人都不难想象。功成名就且已近退休年龄的老院长，参与了报纸发展的全过程。且不讲编辑事务，且不讲出版印行，仅对每一期报纸的每一篇文章的审阅修改，就要付出何等的心血！这一切，除了忠诚于自己的事业，还有什么更好的解释！

在《给老师的建议》一书出版之际，我写下这些话，是为了把“建议”推而广之，谨以此为序。

目 录

壹 加强自身修养

贰　更新教育观念

叁　探索教育艺术

肆　深入教学改革

壹　加强自身修养

AI DE YIZHAN

学校教育的本质，归根结底是榜样的熏陶与感染。老师的天职，说千道万是用灵魂去塑造灵魂。要熏陶与感染别人，要塑造别人的灵魂，最有效的办法是先修炼自己。

灵魂是什么

人的灵魂是后天形成的，是在学校、家庭、社会的共同作用下形成的。它主要包括知识、道德、艺术和心理等方面。

大家都说“老师是塑造人类灵魂的工程师”。什么是人的灵魂呢?

人的灵魂是后天形成的，是在学校、家庭、社会的共同作用下，特别是在老师的引导、感染下形成的。

人的灵魂主要包括以下四个方面：

一是知识，知识的核心是真。无论社会科学、自然科学，还是人类生存、生活的普通常识，都是人类社会存在与发展的基本要素。拥有知识才能做个真人，正如陶行知先生所说“千教万教，教人求真；千学万学，学做真人”。因为只有拥有知识的人，才能按照事物的客观规律，实事求是地做人做事。

二是道德，道德的核心是善。一个道德高尚的人，一定是一个与他人为善、与社会为善，具有高度责任感的人。无论是政治道德、思想道德、生活道德，还是职业道德、社会公德，对他人关爱，对社会负责，是道德的核心。道德是维系人际和谐关系、促进社会均衡发展的重要因素。这就是学校为什么应把德育放在首位的原因所在。

三是艺术，艺术的核心是美。学校开设的音乐、美术及体育课，开展的书法、绘画、摄影、舞蹈、歌咏、作品欣赏、文艺评论等活动，都是让学生认识美、欣赏美、鉴别美，进而学会创造美。如果我们的学生将来都会创造美，人世间就一定会变得很美。

四是心理，心理的核心是健康。人的健康包括生理与心理两个方面，哪个方面有毛病，都不能算是健康。人的成功包括主观与客观两个方面，主观方面除了知识、能力外，更重要的是心理，是心理的适应程度。如果心理出了问题，如自卑、傲慢、消沉、放荡等，都会影响一个人的成长与成功。因此，加强学生的心理健康教育，既是为了现在，更是为了未来。

成功三字诀

任何一位老师的成功，都建立在苦、实、巧三个字的基础上。苦是态度，即工作态度和责任心；实是教育教学内容要落到实处；巧是方法，是科学的、受学生欢迎的方法。

我当过十四年校长，在此期间坚持代课，也算当过老师。我认为，任何一位老师的成功，都建立在苦、实、巧三个字的基础上。

苦是态度，即工作态度和责任心。老师的工作是很辛苦的，备课、上课、批改作业、个别辅导。面对几十个甚至上百个基础不同的学生，老师如果没有严谨刻苦的治学态度，没有严肃认真的负责精神，是断然不会有所成就的。只有老师的刻苦，才能感染学生愿意吃苦，并且视苦为甜；只有老师的刻苦，才能减轻学生的苦。刻苦认真，精心备课，学生学到的是活的知识；敷衍应付，照本宣科，学生只能死记硬背。两种教学效果，严格来说是工作态度决定的，与知识、教法并无直接关联。

实是教育教学内容要落到实处。课堂教学的每一节课都要精心设计，努力落实。组织学生开展的每一次活动都要目的明确，起到作用。一切工作都不应该搞形式、走过场，教育尤其应该杜绝，因为我们面对的是正在成长中的学生，只有把教育教学内容落到实处，才能保证学生健康成长。

巧是方法，是科学的、受学生欢迎的方法。我们面对的是活泼的学生和不断变化的教学内容。社会在变、学生在变、教学内容在变，如果方法不变，必然要落后，甚至被淘汰。这就需要创新，不断探索适合学生的好方法。

个体劳动与集体成果

老师劳动的个体特性与学校教育成果的集体特点，提醒每一位老师应特别注意两点：第一，自觉是脑力劳动者的生命；第二，配合是取得良好教育效果的关键。

老师的劳动方式是个体的，备课、讲课、辅导、作业批改、家庭访问等，都是以个体劳动的方式进行的。虽然学校也有集体教研、备课等活动，但这些活动都是在个人认真准备的基础上进行的，没有个人研究为基础，集体教研将是毫无意义的。

但是，学校的劳动成果都是集体的，是学校所有人员、所有学科、所有年级、所有活动共同参与和努力的结果。其中，任何一个环节出现懈怠，都会影响到教育教学质量。

老师劳动的个体特性与学校教育成果的集体特点，提醒我们每一位老师应特别注意下面两点：

第一，自觉是脑力劳动者的生命。脑力劳动与体力劳动的最大区别在于脑力劳动无法监督，因为脑的活动是任何人看不见、摸不着的。作为个体脑力劳动者的老师，在无人监督的情况下能自觉自愿地认真劳动，既是一种为人师、为人范的高贵品质，也是取得教育教学成功的基本保证。说自觉是老师劳动的生命一点儿也不为过，一点儿也不夸张。

第二，配合是取得良好教育效果的关键。很多学校教育教学成绩平平，甚至一年不如一年，不是校长没有搞好学校的良好愿望，不是老师个体素质差别过大，很重要的一个原因是在配合上——校长与老师、老师与学生、学校与家庭的配合上。一所学校犹如一艘划艇，划艇要在比赛中取得好成绩，划手的配合至关重要。同样的道理，学校要想取得好成绩，老师之间的配合也是至关重要的。

老师的“美”

爱学生是动力的源泉，成功的基础。语言美是真情实感的流露。和学生说话一定要想着说，慢慢说，好好说，努力从心底流淌出美的语言。

气度是人的修养的外在表现，只有加强个人修养，才能在学生面前有一个美的气度。

爱美之心，人皆有之。在中小学生的心目中，老师的美是什么？

情感美。白居易说：“感人心者，莫先乎情。”打动人心的，是靠真诚的情感，而不是靠辈分、靠权力。老师要打动学生的心，不能凭身份，不能靠压力，只能靠真诚的情感。情来自爱。父母对子女有情感，来自心底的爱；我们对祖国有情感，来自心底的爱。爱是情感的源泉，爱是成功的基础。古今中外的教育大家无不是在这个基础上辛勤耕耘，才取得了伟大的成就。老师有了父母心肠，才能把自己的智慧全部倾注在学生身上，像园丁护理幼苗一样精心哺育学生，从而在学生的心目中矗立起一个高大、严谨而又慈祥的老师形象。爱学生与爱自己是一致的。爱是勤奋的动力，爱是成功的基础。学生成才了，社会公认了，也就实现了作为一个老师的人生价值。

语言美。情动而辞发。动心的话是真实情感的流露，没有真情实感是说不出打动学生的话的。所以，情感又是语言的基础。讽刺、挖苦、训斥甚至谩骂的话，是老师语言的大忌，它不仅会伤害学生幼小的心灵，而且会损伤老师的形象。“良言一句三冬暖，恶语伤人六月寒。”一些老师的失败，就出在不当的语言伤害了学生的心。和学生说话一定要想着说，慢慢说，好好说，努力从心底流淌出美的语言。

气度美。气度是人的素养的外在表现。不卑不亢，落落大方，是心胸开阔的表现；说话客气，做事谨慎，是严谨求实的表现；吃苦耐劳，不怕失败，是坚强意志的表现；兢兢业业，踏实肯干，是富有理想的表现。可以说，没有良好的修养，就不会有美好的气度。老师的气度大量表现在与学生的交往过程中。比如在与学生接触中，平等、民主而又富于引导，活泼、幽默而又不失严谨，和蔼、慈祥而又不落俗套，严格、认真而又不显粗野。这就要求我们老师要加强个人修养。只有这样，才能在学生面前有一个美的气度。

老师应该是将军

老师应有宽容精神。

宽容是一种美德，一种胸怀，一种力量，一种艺术。

有这样一句话：人要有宽容精神。如果能容纳十个人，是班长；如果能容纳一百个人，是连长；如果能容纳一千个人，是团长；如果能容纳千军万马，是将军。乍听此话，不解；随后细想，有道理。

宽容，是一种美德，是一个人素质、修养的综合表现。

宽容，是一种胸怀，是维系人与人之间和谐关系的重要因素。

宽容，是一种力量，正是有了宽容，人们才协作着从野蛮走向文明。

宽容，是一种艺术，可以用宽容去融化一切。

由此，我想到老师应该是将军。不是吗？老师与学生朝夕相伴，心心相印，教了一个班，又换了一个班，送走了一批学生，又迎来了一批学生，有谁能像老师那样接触如此众多的人呢？

“铁打的营盘流水的兵”，老师就是这营盘里的将军。

教育成果具有集体性的特点。学生良好的思想品德，是所有教职工熏陶感染的结果。学生应有的文化科学知识，是各个学科、各个年级老师共同努力的结果。不能容纳他人，没有宽容精神，是不可能取得优秀教育成果的。

学生的年龄特点与认识规律需要宽容。正是老师有了宽容的胸怀，才填平了师生之间的鸿沟，师生们和谐、宽松、奋力地攀登上成功之巅。不能容纳学生，不能宽容学生的偶然过失，和学生斤斤计较，到头来只能是一个失败者。

老师是将军。老师应该是将军。

冰、鲜花与严冬、春天

虽不能说你给学生一块冰，学生会还你一个严冬，但如果你给学生一束鲜花，学生定会给你全部春天。

一篇文章的作者是这样告诫老师的：老师应该知道，虽不能说你给学生一块冰，学生会还你一个严冬，但如果你给学生一束鲜花，学生定会给你全部春天。

由此，我想起另一件事：一个各方面表现都很好的学生，突然近一个月来沉默寡言，闷闷不乐。班主任老师找他谈了几次心，终归没有打开他心灵的大门。后来，利用批阅周记的机会，班主任老师写道：看到你不愉快，老师很着急。有什么心里话能不能和老师谈一谈？写出来也可以，或许老师能帮助你。果然，下一次周记里这个学生说出了原因。原来，在一次黑板演算题时，这个同学出错了，老师用一种从未见过的眼神斜看了这个同学一下。从此，这个同学背上了包袱，认为老师对他的看法变了，因此萎靡不振。知道原因后，班主任老师诚恳、热情地写道：老师不慎的一个眼神，竟给你造成如此大的压力，实在对不起。不过，老师是相信你的，对你的看法始终没有变。这个同学看后，消除了心病，又恢复了往日的青春活力。

学生是非常重视老师的一言一行、一举一动的，稍不留神，就会伤害他们稚嫩的童心。除了语言外，表情、动作也非常要紧，一个微笑、一次抚摸、一点示意，都会在学生身上形成一股滚滚热浪，成为他们向上的动力。相反，一个不善的举止，哪怕是很轻微的，也会像一瓢凉水，泼凉学生的心，甚至结成冬天的冰。

体贴的语言，真诚的微笑，友好的表情，善意的举止，都是美丽的鲜花。不要吝啬，大大方方地送给学生，你得到的将是一个明媚的春天，一颗紧紧贴着你的心。

学生观：师德的基础

老师的“上帝”是谁？是学生。

老师是为学生服务的，是为学生的全面发展服务的。

在一次优秀教师事迹报告会上，一位老师的发言引起与会者的强烈共鸣。

“我爱学生，像父母对孩子一样深深地爱他们，为他们的进步而高兴，为他们的退步而忧虑。虽然我知道我不是他们的父母，但我知道父母的心——盼望子女成人、成才；虽然我知道我不是他们的父母，但我知道我是祖国的儿子——盼望学生成人、成长。这就是我工作的全部动力。”

这一段发自肺腑的话语，展现在我们面前的是一个伟大的灵魂，这就是老师的职业道德。

爱每一个学生，男的女的、俊的丑的、学习好的差的，只要是学生都诚心实意地爱；关心学生的每一个方面，学习、思想、道德、生活、身体等，凡是做人应有的基础事项都关心，这是老师应有的学生观，也是老师应有的职业道德。

老师的人生观、世界观、价值观并不是大而无当，不可考量的，它是通过其学生观具体体现出来的。有了正确的学生观，必然爱岗敬业，把自己的全部精力倾注在学生身上。古往今来，大凡有所成就的老师无不是正确的学生观驱使的结果。科学家爱实验室，一进了实验室便废寝忘食，奋发工作，一个伟大的奇迹终于出现了。作家爱生活，一到了生活中便拼命地吸收营养，丰富自己，一部伟大的著作终于出现了。老师爱学生，一想到学生便乐以忘忧，充满信心，一项伟大的工程也必然展现在世人面前，那就是为祖国培养和输送一批又一批的建设者和保卫者。

老师的职业道德又是老师学生观的具体体现。商业工作者把顾客当作“上帝”，文艺工作者把观众当作“上帝”，国家公务员把群众当作“上帝”，医务工作者把病人当作“上帝”……老师的“上帝”是谁？是学生。老师是为学生服务的，是为学生的全面发展服务的。有了这一点，就有了全心全意为学生服务的思想基础。

确立正确的学生观，是老师良好的职业道德的基础。

多和学生交流

师生之间首先是朋友关系。朋友关系就要真诚相待，相互尊重。

一项调查说明，中小学生欢迎交流型的老师。

什么是交流型的老师？这个调查资料归纳了四点：待人公平；理解同学；幽默慈祥；乐于交谈。

可见，真诚平等地对待每一个学生，利用一切机会和学生讲心里话，是交流型老师的主要标志。

课堂教学是老师主要的、经常的工作，应该看到上课是师生交流的最好机会。教学活动绝不仅仅是单纯的知识传授，它首先是师生之间的心灵接触和情感交流，是以教学内容为载体传达老师对学生的关心与爱护。知识不能恩赐，不能奉送，靠的是学生的求知欲望和主动参与。如果老师能把书本知识转化为自己彻底理解了的知识，像平时与人谈话交流那样，热情诚恳，平心静气，课堂气氛祥和、活跃，那么学生学到的就不仅仅是知识，还包括老师的人格。

作业批改更是老师与一个一个学生进行交流的极好机会。由于它是文字交流，老师有充裕的时间，经过深思熟虑，用文字的形式把自己对学生的关心、希望、引导写出来。所以，它对学生的影响更深刻，教育作用更大。少一些批评，多一些鼓励。几个字，几句话，也许会改变学生的一生。

师生之间首先是朋友关系。朋友关系就要真诚相待，相互尊重。师道尊严首先是“道”的尊严，是老师的人品、知识、能力的尊严。老师在课余要与学生多交流，放下架子，完全融入学生中，谈自己的真实思想，成长过程，成功与失败，优点与缺点，对学生的看法与希望。学生感受到了老师的真诚，就会以真诚对待老师。有了亲密的师生关系，老师的主导作用就有了基础，学生的主动精神就有了动力。

多和学生交流，这是学生的渴望，也是教育的需要。

尊重学生

尊重学生，让学生从老师身上学会尊重他人。这样，我们的社会就会变得更温暖、更祥和。

一次，我们去听一位年轻老师的语文观摩课。这位老师讲课时，条理清晰，语言精练，板书工整，重点突出。课后评论时，一位老教师对其充分肯定后，又提出了一点需要改进的意见，大意是：当要同学回答问题时，老师不应用手或教鞭指学生，而应该手心向上，请同学来回答，以示尊重。当同学回答完毕后，老师不能态度冷漠，应该说“请坐下”，以示鼓励和感谢。

这虽是一个细小的问题，却反映了一个重大的教育原则：老师应尊重学生。

人都希望受到尊重，中小学生也是如此，尤其希望受到老师的尊重。因为在他们的心目中，老师是神圣的。老师的表扬和尊重既是对他们好胜心、自尊心的满足，也是对他们给集体做贡献的肯定。老师应该从学生的言行和眼神中看到这一点，尊重学生，满足他们的心理需要。

我们经常说要“尊师爱生”。老师如何才能受到学生的尊重？

高压威胁换不来，讽刺挖苦换不来，体罚和变相体罚更换不来。唯一的途径是发自内心地、主动地尊重学生。只有老师尊重学生，才能换来学生对老师的尊重。成年人尚且如此，何况还在发育成长中的学生呢？老师首先做出榜样，他们才会尊重榜样。什么是爱生？就是对学生的关心、爱护、引导和熏陶。爱生的内容是广泛的，其中最重要的是维护学生的自尊心和自信心。而学生的自尊心与自信心，首先来自老师的尊重。学生有了自尊、自信，才能自立、自强。否则，他们的成长就会走弯路。

老师尊重学生，是教学活动的需要。中小学的教学活动，不单单是知识的传授与接受，它首先是师生之间的情感交流与心灵接触。老师尊重学生，就会换来学生一颗崇敬、平静的心。在这种心态下聆听老师的讲授，自然要比在逆反、紧张的心态下效果好。成年人一般对自己尊重的人的话爱听、愿意相信，中小学生更是这样。这就是人们经常说的“亲其师，信其道”。

尊重学生，让学生从老师身上学会尊重他人。这样，我们的社会就会变得更温暖、更祥和。

争当“大教师”

对于老师来说，爱是最好的药，它能医好所有学生的一切心病。

演讲比赛时，一位学生以“大教师”为题的演讲，博得满堂喝彩。

干部有“大干部”，诗人有“大诗人”，作家有“大作家”，厂长有“大厂长”，经理有“大经理”。众多名称前面冠上一个“大”字，是说他们成就显赫，世人公认，表达了人们对他们的肯定与敬仰。默默无闻、甘为人梯的老师也应被尊称为“大教师”！我为这位同学的演讲激动得久久不能平静。

平静下来想，老师能得到一个“大”字，也是不容易的，最重要的是要做到以下三条。

第一，要有良好的职业道德。老师的职业道德体现在对待学生的态度上。不管学习好，学习差；长得俊，长得丑；家里富，家里穷；家长有一定职权还是没有职权，凡是学生都去爱，对他们的全面发展都关心。应该说这样的老师就具有了良好的职业道德。学生是老师的希望，爱学生是老师工作的动力。一旦拥有了爱心，就会全身心地扑在学生身上，克服一切困难，帮助学生健康成长。

第二，要有科学的教育方法。一个成绩突出的老师和一个教学平平的老师，两者之间的差别是什么原因形成的呢？除了爱不爱学生，就是方法。知识缺陷好弥补，知识陈旧好更新。只要自己虚心、刻苦，是可以攻克这些难关的。但方法的改进与提高主要靠自己的长期实践。科学的教育方法集中到一点，就是激发学生的主动性与积极性。谁能够尊重学生的主体地位，调动学生积极参与到教育、教学的过程中来，谁就会获得成功。

第三，要有广博的基础知识。对于老师来说，仅仅满足于学校学到的知识是远远不够的，仅仅满足于所任课程的专业知识也是不够的。时代在发展，学生获取知识的渠道在增加，为适应这一形势，老师除了具有深厚的专业知识外，还必须具有教育学、心理学、社会学、经济学、伦理学等广博的知识。只有这样，才能适应现代教育的要求。

老师与家长应该成为同事

老师与家长虽然在不同的部门、系统或单位，但是，他们担负着相同的工作——教育、培养孩子。因此，从广义上说，老师与家长也是同事。

所谓同事，狭义上是指在同一个部门、系统或单位，从事着同一性质的工作的人们。我是非常赞赏“同事”这一称呼的。共同的目标和相同的工作，不仅把人团聚在一起，而且把心也连在了一起。虽然有时候也发生矛盾，但总归有个大目标，相互理解与支持、齐心做好共同的事情，是同事们不懈的追求。

老师与家长虽然在不同的部门、系统或单位，但是，他们担负着相同的工作——教育、培养孩子。因此，从广义上说，老师与家长也是同事。

作为同事，相互理解是十分重要的。理解是一切的基础，理解出尊重，理解出支持，理解出配合，所以人们才大声疾呼“理解万岁”。

对于一所学校或一个老师来说，我们可以用80%或90%的成果来形容其成绩的优秀，可是对于一个家庭来说，一个孩子如果不成功，那就是100%的失败。所以，老师要理解，孩子的成功对一个家庭来讲是十分重要的。只有这样理解，才能催生强烈的责任心，关心每一个学生，力争让每一个学生都能在某一个方面走向成功。

理解还包括每一个家长都在努力培养和教育自己的孩子，甘心放任不管的极少极少。但是，由于家长们从事的工作各不相同，缺少现代教育理念与方法是他们教育孩子过程中最大的困难。传播现代教育理念与方法，让家长们教育孩子的方法更科学，既是每一个老师的职责，也是每一个老师的义务。所以，老师要在传播现代教育理念与方法的过程中，提升家长也丰富自己的认知。

老师也有不懂不会的

老师敢于承认也有不懂不会的，这是一种美德。

我上初中时，由于英语老师短缺，代我们班英语课的是一位生物老师。第一次上课时，老师是这样讲开场白的：“我不是教英语的，由于英语老师不足，决定由我兼代英语。我一边学，一边教，教到哪里，你们学到哪里。没有教的你们不要问，因为我还没有学。”课后，同学们都议论。有的说英语老师好，没有架子；有的说从来没有听过老师还有不会的，英语老师真实在。几句纯朴的话，让英语老师一开始就贴近了学生，同学们都感到他很亲切，很实在。

一学期结束了。期末考试成绩公布，我们班的英语成绩名列全年级倒数第一。英语课总评前，同学们都议论，准备接受老师的严厉批评。上课了，英语老师带着既温和又严肃的面容说：“这学期我们班的英语考试成绩不好，原因主要出在老师。过去的让它过去吧。下学期我好好学，努力教，同学们积极配合，争取我们的成绩有所提高。”又是几句纯朴的话，打消了同学们的紧张心理。据我所知，许多同学都把对英语老师的崇敬之情，全部倾注在对英语的学习上。

这位英语老师代了我们三年英语，毕业时，我们班的英语成绩在全年级六个班中位居上游。

老师在学生面前敢不敢说“我不会”“我不懂”，说了会不会降低老师的威信？事实上，任何一位老师在浩如烟海的知识面前，尤其在当今知识爆炸的时代，不可能全会全懂。敢于承认是实事求是、诚实谦虚的表现。这样做，丝毫降低不了老师的威信。相反，会使学生感到老师更诚恳、更亲切，大大缩短了与老师之间的距离，把对老师的亲近之情转移到学习上，学好老师所教的课程。

学生提的问题老师不曾接触过，老师应该高兴，因为这说明学生的知识扩展了；学生问住了老师，老师应该高兴，因为这说明学生学会了捕捉信息的本领。

装作什么都懂都会的老师，学生是不欢迎的。

老师敢于承认也有不懂不会的，这是一种美德。我们应该在平凡的教学实践中对学生产生人格的熏陶和感染。

敢于承认失败

承认失败不是懦弱，不是耻辱。恰恰相反，它是一种勇气，一种真诚。

我到美国参观访问时，曾听过一个中学数学老师的课。开始讲课后，我发现三个学生趴在课桌上睡觉。这位老师若无其事，照讲不误，既没有提醒睡觉的学生应该听讲，更没有因此而失去理智，训斥学生。就这样，这位老师心平气和、幽默风趣地一直讲到下课，这三位学生才被吵闹的下课声惊醒过来。

我在课堂上很纳闷：为什么这位老师不去提醒睡觉的学生？同时也引起我的联想：像这样的情况如果出现在国内，我们的老师又会如何处置呢？

下课后，我问这位老师："你发现没有，在你讲课时，有三位学生睡觉？"他非常轻松地说："发现了。"稍做停顿，他向我解释道："第一，我讲的内容他们可能已经懂了，懂了可以不听；第二，我的讲授没有引起他们的兴趣。"

懂了的就可以睡觉，不听讲课，我们姑且不去评论；我欣赏这位老师分析的第二条：因为没有引起学生兴趣而出现睡觉现象。

教学活动是一种实践，是老师通过讲授、示范等把自己掌握的知识转化为学生理解了的知识的过程。完成这个转化，就是老师的特殊本领。既然是实践，就存在着失败。我们老师几乎每天都在上课，也就是说几乎每天都在实践，但很少听到老师说过这节课不成功，失败了。而意识不到失败，是永远提高不了自己的。

意识到一节课失败了，他必然进行反思，总结失败在哪里，原因是什么，然后吸取教训，加以改进。正像前面说的那位数学老师那样，既然他意识到了兴趣的重要，他必然在以后的讲授中注重激发学生的兴趣，这就是进步，这就会提高。

所以，承认一些课不成功，不是懦弱，不是耻辱。恰恰相反，它是一种勇气，一种真诚。“人贵有自知之明。”只有不断发现并改进自己不足的老师，才能成为一名优秀的老师。

拥有爱心

拥有爱心，你的前面便会一片光明。

《德育报》发表过一位班主任老师的文章，大意是：班里的一个学生爱好体育活动，尤其是短跑很出色。但是，学习成绩不理想，还经常犯小错误。一次，学校召开运动会，班主任组织报名时，让这个学生报了400米接力，并指定他跑第四棒。比赛那天，班主任老师专门备好照相机，当这个学生冲刺时，为他拍下了奋力一拼的镜头。事后，班主任把照片放大，配上相框，很认真地把照片送给这位学生，表示对他为班集体争得荣誉的感谢，并且告诉他，如果他在学习上再努一把力，严格遵守各项纪律，一定会成为全面发展的好学生。

这位同学接过老师的照片，听了老师的话，心情非常激动。从此以后，关心集体，努力学习，遵守纪律，与过去的他判若两人。

我们经常说要发现学生的“闪光点”。其实，中小学生并不刻意隐藏自己的个性与特长，他们爱表现自己的心理和年龄特点，往往无意识地把自己的闪光点展现在老师和同伴面前。作为老师，重要的不仅是潜心去发现，而且是精心去爱护它、发展它。

每个人都有自己的长处，也有自己的不足。中小学生的长处与不足比起成年人来更容易外露，因为他们童心无欺。人的成熟过程，就是在社会实践中不断地克服困难，战胜自我，发挥优势，减少以至根除劣势的过程。老师要善于发现并精心爱护每个学生的长处，让他们的长处在学生时代得以充分展现，并逐步达到相对稳定的水平。此长彼消，他们的短处也会随着长处的发展与稳定逐步被克服。

前面说的那位班主任老师，在教育学生上可谓精诚所至，用心良苦。他送给学生的不仅仅是一张照片，而是一腔赤诚的情，一颗火热的心。只有自己拥有爱心，才能正确认识和对待学生。学生总归是学生，如果他们不需要教育、帮助与引导，老师也就没有必要存在了。正是由于老师的存在，才使人类文明代代相传，不断发展进步。

老师拥有爱心，前面便会一片光明。

说师魂

师魂，是和祖国休戚与共的爱国精神。

师魂，是不计名利，托起一代新人的奉献精神。

师魂，是尊重客观、遵循规律的科学精神。

大学时教古代汉语的老师于靖嘉先生90岁华诞，我们一伙学生商量送什么生日礼物好，七嘴八舌，很难一致。慢慢地，话题转移到了对于先生当年教学的回忆上，你说一个故事，他讲一段往事，好不热闹。于是，一位高大的老师形象又屹立在我们这些“老学生”的面前。此时，一位同学十分认真地提议：“送一块铜匾，上书二字——师魂。”这是一个“符合民心”的提议，大家一致同意。

生日那天，我们带着铜匾来到于先生家。当镶嵌着“师魂”的铜匾展现在众人面前时，大家一起鼓掌，表示赞同。于先生在她的“老学生”面前，仍然是那样谦虚，连声说：“不敢当，不敢当，谢谢，谢谢。”我们好像又回到了学生时代，再一次接受老师的亲切教诲。

回家后，我想了很多很多，但想得更多的还是“师魂”的含义。

师魂，是和祖国休戚与共的爱国精神。中国的知识分子有着"先天下之忧而忧，后天下之乐而乐"的优良传统。无论过去的先生，还是当今的老师，他们都懂得学生是祖国的希望和未来，所以在学生身上，他们倾注了全部的爱和情。爱国精神是老师工作动力的源泉。

师魂，是不计名利，托起一代新人的奉献精神。人们把老师比作"春蚕""蜡烛""人梯""园丁"等，就是对老师奉献精神的赞美。清贫无闻，身居斗室，在一些人看来老师不过是"小孩王"，岂知清贫与高尚并不矛盾，斗室与博大也不相悖。正是老师高尚、博大的胸怀，才有了奉献的精神，才传播了知识、点燃了文明、发展了社会。奉献精神是人类社会文明与前进的强大动力。

师魂，是尊重客观、遵循规律的科学精神。教育是一门科学，育人是一项伟大的系统工程。那种认为老师仅仅是"教书匠"的观点，不仅是错误的，而且是荒谬的。一个学生成人成才，是老师们共同努力的结果。老师们不仅付出了汗水，而且更多的是付出了智慧。科学精神是取得优秀教育成果的基础。

师魂就是这种崇高的精神。师魂万岁！

由“老师说的”想到的

学校是教人学会如何做人的地方。老师是教人学会如何做人的榜样。

八月，干热得让人坐立不安，我坐在树荫下企盼着一丝凉风的惠顾。旁边的树荫下，也坐着几个学生，他们在争论着，一会儿一个中心，非常自由。我静静地听着。好几次，当双方意见不一致的时候，我总是听到一方同学便把老师搬了出来，说：“这是老师说的。”于是，另一方同学便默不作声了。接着，又开始了另一个问题的争论。

老师在学生心目中是神圣的。老师的话在学生看来是绝对正确的。正因为这样，许多学生对父母的话敢打折扣，但对老师说的话一定照办。

我常想，学校是什么？学校是教人学会如何做人的地方。老师是什么？老师是教人学会如何做人的榜样。每一位老师都不要小看自己的一言一行，须知道，学生是非常看重老师的言行举止的，好的方面当然会对学生产生健康引导，不好的对学生也必然会产生消极的影响。

细心观察，我们会发现许多成年人在说话、声调、写字、表情、动作等方面，都留有他们在接受启蒙教育时所崇拜的老师的影子。这不是遗传，这是受他们所敬重的老师熏陶、感染的结果。所以，老师要慎重看待自己的一言一行。特别是在学生身上，更要慎之又慎。说话、做事一定要想好了再说、再做，千万不能鲁莽，不能感情用事，不能在学生纯洁的心里留下难以抹去的阴影。

“老师说的”，多么亲切，多么催人奋进。我们老师应该时时记住这句话，使它成为激励自己加强师德修养的强大动力。

一位老教师的遗憾

保护学生的自尊心、激发学生的自信心很困难，但是伤害它却很容易。

一位老教师讲述了如下一段往事：

初为人师时，年轻气盛。有一位同学对提问表现出极大的积极性，每次上课，问题一提出，他总是不假思索地高高举起右手。他越举手，我越不提问他，就这样过了一个学期。第二学期，我发现这位同学再也不举手了。每当提问时，他不是低头沉思，便是盯着课本，从来不看我一眼。三十多年过去了，老教师谈到这件事时仍然十分动情地说："是我不了解学生心理，铸成了这一终生遗憾。"

老教师的遗憾恐怕我们许多老师都存在。差别在于他认识到了，而我们不少老师可能还没有意识到。从这一点说，老教师的遗憾无论对他本人还是对所有老师都是一笔可贵的精神财富。

中小学生很少顾忌，表现欲强。尤其在老师和同伴面前，更是跃跃欲试，谁都渴望受到老师的肯定和小伙伴的赞赏。应该说这是一种积极的心理倾向，是青少年积极向上的原始动力。老师要看到这一点，并且要精心爱护它，努力激发它，使它升华为学生持久向上的内在动力。如果稍不注意伤害了它，就像伤害了刚刚出土的幼芽，后果是可以想见的。

保护学生的自尊心、激发学生的自信心很困难，但是伤害它却很容易。老教师的遗憾之所以可贵，就在于它会减少许多老师的遗憾。

“我和我们” 与 “你和你们”

老师与学生应该融为一体。有了这一转换，老师成了学生中的一员，师生之间没有了距离和鸿沟，显得融洽自然。有了这一转换，老师把自己融化在学生中，师生一起攻克知识难关，学生真正成了学习的主人，必然积极主动。

早就听说孔老师的数学课讲得好，我约了几位同事专程去听了两次，名副其实。听孔老师的课简直是一种艺术享受。这两节课给我印象最深的是他的教育思想，是他和同学们亲密无间的师生关系，是他调动学生积极参与的高超艺术。

上课了，孔老师说：“我昨天备课时，发现我们今天要学习的内容并不难，经过独立思考或互相讨论是可以理解的。现在，先请打开课本自己学习、思考，然后我们一起演算习题，通过演算加深理解。”同学们个个进入角色，有的自己思考，有的相互讨论。孔老师这里走走，那里看看，不时回答学生们的问题，显得是那样轻松自然。大约十分钟后，孔老师说：“现在我们演算习题，检验我们的自学成果。我这里有事先准备好的五道题，谁上来做呢?”哗，全班绝大多数同学举起了右手。孔老师笑着说：“今天我们采取一个新办法，五个学习小组各来一位同学，由各组坐在最后一排的同学上台演示，大家欢迎。”五位同学在掌声中非常自信地上了讲台，做起了习题。这时，孔老师又像刚才那样，这里走走，那里看看，不时回答学生们的问题。大约三分钟后，台上的五位同学都做完了习题，孔老师满意地说：“现在我们一起来检查五位同学的演算。”结果，除一位同学的演算需要稍做修正之外，其余同学的演算完全正确。看看表，这一节课只用了 38 分钟。

我注意到，凡是涉及老师的，孔老师都说的是“我”，而不是老师如何如何；凡是涉及学生的，孔老师都说的是“我们”，而不是“你们”应该如何如何。这一亲切转换，使孔老师成了学生中的一员，师生之间没有了距离和鸿沟，显得融洽自然。这一亲切转换，使孔老师完全把自己融化在学生中，师生一起攻克知识难关，学生真正成了学习的主人，必然积极主动。

孔老师没有告诉我他为什么要这样说。不过我想那是不需要说明的，教育思想升华以后，谁都会这样说的。

两个故事的启示

大事是小事的结晶，伟大是平凡的演进。从点滴小事做起，获得的将是硕大的丰收。

前不久，听到两个故事：

一位外资企业的老板要在我们国内招聘一批员工，除了其他应聘条件外，每个应聘者必须单独唱中华人民共和国国歌。凡不会唱国歌的，即使知识再多，本事再大，一律不予录用。老板的道理是：一个连自己祖国的国歌都不会唱的人，怎么能指望他（她）去爱他（她）未来的企业呢？

一个国内企业的经理要招聘一批员工，面试那天，经理故意把一个笤帚放在办公室的地上。一个、两个、三个应试者进来了，对于地上的笤帚熟视无睹，不屑一顾。第四个进来了，看到地上不应有的笤帚，顺手把它放在了应放的地方。经理没有进行任何考试，当即宣布：第四个进来的人被录用，其余落聘。经理的道理是：一个连小事都不愿去做的人，怎么能指望他去做大事呢？

第一个故事是说作为一个人要爱国，只有爱国，才会爱自己的岗位和工作，才会理解做好本职工作与报效祖国是一致的。这也不对那也不好，牢骚满腹的人，斤斤计较不顾全局的人，最终将被滚滚向前的时代远远地抛在后面。

第二个故事是说作为一个人要从一点一滴的小事做起，只有不懈努力、不断攀登的人，才有希望到达事业的巅峰。坐而论道、不想做具体工作的人，语言上是巨人行动上是矮子的人，最终将一事无成。

由此我想到，老师的工作说大也大，关系到下一代，关系到祖国和民族的未来；说小也小，小到每一个学生的方方面面。“山以石峻，海为川归。”没有一块一块的小石子，就没有巍峨险峻的大山；没有一条一条的小溪流，就没有波澜壮阔的大海。大事是小事的结晶，伟大是平凡的演进。从点滴小事做起，获得的将是硕大的丰收。

付出租汽车费引发的思考

心里装着学生，一切对学生负责，就会有一颗平静的心，从而用理智的人格去熏陶和感染学生。

星期日乘出租车去参加一个座谈会。下车时，计程器显示的金额为 10.50 元。我掏出两张拾元的人民币给司机，司机退给我一张，微笑着说："算了吧。"我看出他的表情是真诚的，表示谢意后直奔会场。开会期间，总是想起那五毛钱和司机的微笑，心里像缺了点什么似的，好不自在。

座谈会结束后，仍乘出租车回家。为了避免上午的事再次发生，缩短乘车距离是最好的办法。告诉要到的地方后，汽车启动了。下车时，计程器显示的金额是 9.50 元。我掏出一张拾元的人民币给司机，司机忙着找钱，我同样微笑着说："算了吧。"大概也是因为司机看出我是真诚的，礼貌地表示了谢意。

回家路上虽然多走了几百米，北风呼啸，寒气逼人，但是并不觉得冷，也不觉得亏，好像弥补了一个缺憾，于是长长地出了几口气。

我想，这可能就是心理平衡。人在心理平衡时，心情是轻松、愉快的。心理平衡是重要的精神需要。

作为老师，经常会遇到一些引发心理不平衡的事，比如职称没有评上或模范没有选上；自己尽了很大努力，但所任学科的成绩并不理想；对学生严格要求，反而遭到学生的逆反回报和家长的不予理解，如此等等，不一而论。面对这些情况，心理出现不平衡是自然的，也是正常的。问题在于如何控制自己的情绪，发挥自己的理智。如果理智不能战胜情绪，就可能把气撒在学生身上，以期得到心理上的平衡。这样做的结果是既出不了气，又找不回平衡，相反会进一步拉大师生的情感距离，形成恶性循环，最终成为一个失败者。

闹情绪、有意见的人经常说“心理不平衡”。那么，从自身来说，如何做到心理上的相对平衡呢？我的体会是多想想他人，多想想社会，用理智战胜情绪。作为一名老师，更应该多想想学生，多想想他们是需要老师用理智的人格去熏陶、去感染的一代新人。

老师如果心里装着学生，一切对学生负责，就会在任何情况下都能保持一个理智、平静的心态。

养成教育与言传身教

老师是播种希望的天使。

我的孙子在上幼儿园，每次见面，我总是先说“牛牛好”；每次要走，我总是先说“牛牛再见”。大约半年以后，我发现情况有了变化，每次见面，牛牛总是先说“爷爷好”；每次要走，牛牛总是先说“爷爷再见”。

我有十五年是乘班车上班的。起初，不是司机迟到，便是我迟到，结果往往造成上班晚点。后来，我坚持每天七点半准时在固定地方等车，司机掌握了规律，每天七点半准时在固定地方等我，我们都养成了守时的习惯，除遇到堵车等特殊情况外，从来没有迟到过。

上大学时，我是写作课的课代表。每次和写作课老师接触，老师说话时总是和蔼、亲切地看着我，时间长了，慢慢领悟到老师眼神传递着亲近、平等、尊重与希望，代表了老师对学生的全部情感。参加工作后，每当与别人交谈时，便想到了写作课老师与我谈话的情景，都会友善地看着对方说话、友善地看着对方倾听。几十年过去了，至今仍然还有这个习惯。

静下心来琢磨，人的很多习惯是在实践中接受言传身教、潜移默化养成的。

中小学生的行为习惯是家长、老师行为习惯的移植与反映。从某种程度上说，老师的影响力更大，因为在学生眼里老师是神圣的。

这样说来，对学生良好道德品质和行为习惯的养成教育，老师是关键。人们常说“榜样的力量是无穷的”。中小学生天真单纯、童心旺盛，英雄模范很容易成为他们心中的偶像，良好的行为习惯很容易在他们洁白如玉的心田里留下美好的印记。这就需要我们的老师提高自身修养，注重职业道德，凡是要求学生做到的，自己首先做到；凡是要求学生不做的，自己首先不做。言行一致，表里如一，这是老师最基本的行为准则。

种瓜得瓜，种豆得豆。播种粗暴，收获野蛮；播种善良，收获文明。老师作为园丁，不仅仅是浇水、施肥、修剪、培土，更重要的是播种，通过自己的一言一行、一举一动，把高尚的思想意识和良好的行为习惯的种子播进学生的心田。

我要赞美，老师是播种希望的天使。

“团队精神” 赞

学校需要团队精神，班级需要团队精神，老师应有团队精神。

每晚看电视，我对体育节目有着极大的兴趣，一是爱好体育运动，二是观赏体育比赛可以振奋精神。

也许是职业习惯，我常常把体育比赛同学校教育联系起来。除了运动员的意志、毅力、技巧、拼搏精神外，想得最多的是体育比赛中的团队精神。篮球、排球、足球、接力跑、皮划艇等集体项目，所有的运动员都必须全力以赴，才能取得好成绩。倘若一个人出了差错，将会影响整场比赛，以致败北。

学校是个团队，从校长到每个教工都是团队中的一员。所有的人都全力以赴了，学校才能生气勃勃，取得好的成绩。因此，学校需要团队精神。

班级是个团队，从所有任课老师到每一个学生，都是团队中的一员。任课老师尊重每一个学生，学生的主动性、积极性调动起来了，班级才能生气勃勃，取得好的成绩。因此，班级需要团队精神。

我常想，我们老师就像接力赛跑比赛中的运动员，送走了一个班，又迎来了一个班；上完了自己的课，又把下一节课交给了别的老师；除了向一批又一批的学生传授知识，还要向一批又一批的学生施以人格影响。这中间，就像接力赛跑中的每一棒一样，哪一棒失误了，都会造成损失。

搞好学校工作，校长是主要的、重要的，但是归根到底还在于老师，在于老师具体地、创造性地落实校长的办学指导思想；搞好班级工作，班主任是主要的、重要的，但是归根到底也在于所有任课老师，在于老师通过自己的教学活动激发每一个学生的主动性和积极性。因此，老师应有团队精神。

班主任素质展示活动的启示

班主任是一个班级的领袖，班主任老师自身素质的优劣，关系到整个班级，甚至关系到祖国下一代的成长，这绝非危言耸听。

从2002年开始，山西省每两年举办一次班主任素质展示活动。除了参与展示的班主任老师外，还有观摩老师和教育局的政教干部，以展示代培训，生动、形象、具体。展示的都是班主任平常遇到的，观摩时看得懂，观摩后用得上。获得一、二等奖的班主任，省劳动竞赛委员会分别记一、二等功，予以充分肯定。

一项活动为什么能够坚持十年之久，并且一次比一次更加受到人们的重视与欢迎？原因在于其展示的内容切合实际，是广大班主任老师平常想的、说的、做的，观摩的班主任老师听了、看了有收获，回去用得上。

每次展示的内容都由六个部分组成：一是一节课的实况录像；二是一次主题班会的设计方案；三是一篇论文；四是听取专题报告后的书面体会；五是演讲后的即席答辩；六是才艺展示。这些内容看似平常，但是要真的展示出特色，而且在六个方面均有特色，并非易事。现代班主任应有的素质就是在这看似平常的六个方面展示出真正的特色。

由此我想到，素质教育能否落到实处，关键在老师。只有素质全面的老师，才能培养全面发展的学生。班主任是一个班级的领袖，班主任老师自身素质的优劣，关系到整个班级学生的素质。提高班主任自身的素质，关系到祖国下一代的成长，这绝非危言耸听。

喜欢让别人叫他“老师”的校长

老师，一个亲切、自然、长久的称谓，我们一定要珍视、珍惜、珍爱她！

一位已经退休的校长对我说：“我喜欢别人叫我老师而不是校长，退休前是这样，退休后更是这样。”

明明是校长，却喜欢别人叫他“老师”，不习惯叫他“校长”。乍一听，不以为然，叫什么不一样？细一想，有道理，并非叫什么都一样。校长是一种职务，无论任命的还是公选的，总有不当校长的那一天。如果他退休了，严格来说是不能叫校长的，因为他已经不是校长了。要叫，也只能叫“前校长”或“原校长”。老师就不同了，老师的称谓是终身的，即使退休了，还可以也应该叫“老师”。

我敬佩这位校长的胸怀，达观开朗；更敬佩这位校长的见识，从称谓上揭示了“老师”的神圣。

重教必然尊师。中国自古就有尊师的优良传统，天地君亲师，曾长期把老师放在双亲之后即第五位，实际上是为业之首。当然，我们在历史的长河中曾经走过弯路，惨痛的教训让我们几代人都刻骨铭心，每想到轻视老师的后果，让我们不寒而栗。老师受到尊重，教育必然兴旺发达，社会繁荣昌盛也将顺理成章。

老师，一个亲切、自然、长久的称谓，我们一定要珍视、珍惜、珍爱她！

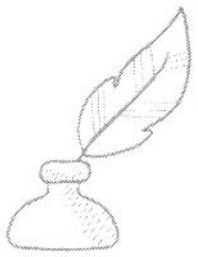

一位班主任的秘密

一位班主任带班的秘密：发挥同学之间互相帮助、互相激励的力量；保护学生的自尊心和自信心；让学生保持充沛的体力。

2009 年高考结束后，一则消息报道说，某中学一个毕业班 59 名学生，全部达到了本科录取线，其中三分之二的学生考分达到 600 分以上。这是一个非常优秀的成绩，记者采访了这个班的班主任。当问起取得好成绩的原因时，班主任概括了三点：第一，入学时，他把学生分成六个小组，并且宣布，这样的小组三年不变，希望同学们互相理解，互相帮助，团结友爱，共同进步。第二，他和所有任课老师约定，不公开批评任何一个学生，必须批评时，个别进行，没有第三人。三年里，没有一个学生受到过公开批评，保护了学生的自尊心，学生学习、生活既积极主动，又活泼愉快。第三，他要求学生星期天不准学习，好好休息（最好是睡）一天，平时按时作息，保证睡眠，以充沛的精力迎接繁重的学习。

这位班主任老师的做法太普通了，普通到每一位老师都可以做得到。但是细细想一想，这位班主任老师的做法又太神奇了，神奇到并不是每一位老师都能够想得到。

第一条他发挥了同学之间互相帮助、互相激励的力量。这种力量真诚、纯朴、雄厚，取之不尽，用之不竭，是学生发展的强劲动力。

第二条他保护了每个学生的自尊心和自信心。这种有体面的学习与生活，是学生主动成长的有力精神支柱。

第三条他让学生保持充沛的体力，这是应对繁重学习生活的重要基础。

我们相信，这位老师能够做到的，所有老师都可以也应该做得到。

老师应有同情心

同情心是真善美的表现，是维系人与人之间融洽关系的润滑剂。

一位同学，原本天真活泼，关心集体，学习优秀，但最近一段时间突然变得沉默寡言，上课时精神不集中，学习成绩明显下降。

这天，是班主任老师的课。开讲后不长时间，这位同学便低头沉思，显然是思想开了小差。班主任老师问："为什么最近精力不集中，经常开小差?"这位同学痛苦地站起来，默不作声。在班主任老师的再三追问下，这位同学才说是他的外祖母去世了。班主任老师不假思索地说："外祖母去世了，你思想不集中有什么用？难道你思想不集中她就能活了?"几句无意的话，犹如一盆凉水猛地浇在这位同学的头上，让这位同学脸上的表情更加痛苦。

原来，这位同学从小就跟着外祖母，是外祖母一手带大的，和外祖母有着极深的感情。老人的去世，使他陷入了深深的悲痛之中，最近思想不集中，原因就在这里。

这位同学本来需要安慰与同情，但是没有得到。他做何感想？他将如何看待班主任？他能否尽快从失去亲人的痛苦中解脱出来？这些都是可想而知的。

人，应该具有同情心，这是真善美的表现，是维系人与人之间融洽关系的润滑剂。老师对学生更应具有同情心，因为师生之间有着人世间最纯洁、最高尚、最永久的人际关系。同情是爱的基础，爱是同情的升华。爱学生，是老师职业道德的核心。有了爱，老师就会关心每一个学生，关心学生的每一个方面。爱学生，是老师工作的真正动力。

那么，我们就应该从同情学生做起，乐学生所乐，悲学生所悲，让学生在融洽的师生关系中茁壮成长。

说“恨铁不成钢”

恨铁不成钢的心是好的，但实践证明往往走向反面。应该认真反思这一貌似正确的传统观念了。

父母对子女有恨铁不成钢的心态，因为父母对子女是无私的。为了子女成人、成才，他们敢打敢骂。虽然这是不对的，但在传统观念的影响下，许多人也予以理解。老师对学生有恨铁不成钢的心态，因为老师对学生是无私的。为了学生成人、成才，有时候也做出一些类似父母的举动。虽然这也是不对的，但习惯上都能够接受。可见，恨铁不成钢这一心态由来已久，并且慢慢地人们已经习以为常了。

在恨铁不成钢心态的驱使下，说了一些过火的话，做了一些过火的事，尽管用心是好的，但结果常常事与愿违，有的老师因此而成了失败的教育者。许多教训告诉我们，应该认真反思这一貌似正确的传统观念。

中小学生正处在迅速成长的发育时期，对许多事物的认识处于似懂非懂阶段。他们天真幼稚，最想得到的是亲情、表扬与循循善诱的引导，对于讽刺、挖苦甚至体罚和变相体罚，他们是不理解、不接受的。试想，恨铁不成钢用到成年人身上都不一定起作用，对于不懂事的孩子就更可想而知了。

更重要的是，如果老师简单、粗暴，会伤害学生的自尊心，降低学生的自信心，拉大师生之间的情感距离，严重时学生会对老师产生对立情绪，甚至破罐子破摔。

恨铁不成钢的心是好的，但实践证明往往走向反面。面对新一代，必须学习和运用现代教育思想。

法大如天

知法、遵法、守法，才是有文化的文化人。否则，就是有文化的野蛮人。

平时，我们认为某件事很重要，或遇到严重灾难时，经常用“天”来形容，如“天大的事”“人命关天”“塌天大祸”等。对老师来说，最重要的事是知法、遵法、守法，因为法大如天。

一位初中语文老师评讲学生作文时，一位女同学因为没有按命题写作文，不仅遭到老师的严厉批评，而且还被讽刺说“什么是诗都不知道还要写诗，这就叫不知天高地厚”。女学生在全班同学面前自尊心受到伤害，人格受到侮辱，回家后，喝剧毒农药自杀了。这位老师并没有料到会产生如此严重的后果，但是天大的事发生了。

一位小学生因为行为一时有过失，班主任老师强令全班学生每人用教鞭在该生的臀部打十鞭。结果，这个小学生下肢软组织严重损伤，心灵受到严重伤害，表示“再不上学了”。一位小学女生因为没有按时完成作业，老师除令该生“游班”（到各班说明自己没有按时完成作业）外，回到班里老师又强令同学扒下该生的裤子，并说：“她已经没脸了，大家看看她是不是还有屁股?”小女孩的心灵遭到严重伤害后，也表示“再不上学了”。一位小学生一时失控，悄悄拿了同学的东西，班主任老师竟在该生的脸上刺下一个“贼”字。这个学生虽然经常用小手捂着被刺的字，但内心的痛苦是捂不住的。我想，这些老师并非存心要伤害学生，也不想违法，但是，他们违法了。

老师是文化人，文化人是懂法的。但懂法的人为什么又违法呢？一是对法律的严肃性认识不足，依法执教的自觉性不高，不懂得法律面前人人平等，老师在学生身上违法，同样是要受到法律制裁的。二是传统观念根深蒂固。好像老师在学生身上违法是可以原谅的，分不清严格要求与违法违纪的界限，不考虑讽刺、挖苦、体罚或变相体罚造成的严重后果。因此，有的人不自觉地走到了法律的对立面。

有文化、守法律的人才能算作文明人。老师是文化人，但是只有做到知法、遵法、守法，才能称得上是文明人。

每个老师都应记住：法大如天。

不能这样惩治学生

学生的自尊心是有待点燃的火。老师的同情、关爱可以点燃它，老师的冷漠、粗暴也可以扑灭它。

学生迟到了，不让进教室听课。

作业没有按时完成，或者错误较多，或者过分潦草，罚学生重做十几遍甚至几十遍。

上课时学生说话，或者有小动作，便罚站或者赶出教室。

学生行为上偶然有过失，有的罚扫地、擦玻璃劳动，有的不让学生按时回家。

学生有错误，便让叫家长，借助家长的口与手惩罚学生。

学生没有考好，或者有了过失，便不予理睬，甚至有意孤立。

类似这样的惩治都是不科学、不足取的。

老师惩治学生是为了达到教育目的，用心良苦，日月可昭，无可非议。但是，要研究心理，要讲究科学。违背学生心理和科学规律的惩治，只能适得其反。比如，学生本来迟到了，误课了，反而不让进教室，岂不是更误课吗？扫地、擦玻璃等劳动本来是光荣的事，但是把它作为一种惩罚的手段，就玷污了劳动的圣洁，学生会误认为劳动是不光彩的事。做作业是运用知识的一种实践活动，本来学生是乐于投入的，但是一有失误便要受到惩罚，把一种愉快的脑力劳动变成一种繁重的体力劳动，学生怎么能接受呢？

学生有了错误，特别是有了严重错误的时候，惩治是必要的。但是惩治是为了治病救人，在这一方面，老师应向医生学习。医生面对病人，不会训斥，更不会体罚，而是问明病情，开出处方，对症下药。面对有过失的学生，老师头脑要冷静，情绪要理智，语言要文明，要问清原因再给“服药”。不同的学生，不同的过失，不同的原因，自然应当用不同的药。不管用什么药，其中有两味药是最重要的、必不可少的。一味是老师的同情心，要理解学生总归是学生，他们的过失多数是无意识的，是识别能力受局限和自控能力差的表现，要允许学生有过失，要有宽容精神。另一味是千方百计、小心翼翼地保护学生的自尊心，不在同学面前批评学生，不使用体罚或变相体罚的手段，不说讽刺、挖苦、粗野的话。学生的自尊心是有待点燃的火。老师的同情、关爱可以点燃它，使它燃烧得越来越旺；老师的冷漠、粗暴也可以扑灭它，使学生从此一蹶不振。学生一旦失去自尊心，就会破罐子破摔，其结果必然不可能成功。

这样的事不应让学生代劳

本来应该由老师做的事却让学生去做，学生就会对老师的话产生怀疑，时间长了，进而对老师的人格产生怀疑，认为老师说的是一套，做的是一套。

邻居的小孩是小学二年级的学生，中午12点40分了仍然没有回家，父母急得团团转，找来问讯是否在我家玩耍。得知不在我家，父母更急了。快1点了，孩子才回到家。迟迟没有回家的原因是另一个同学没有按时完成作业，老师让他到那个同学家告知家长。我认为这样的事不应让学生代劳。

第一，这原本是老师的事，理应由老师亲自去做。老师经常教育学生“自己的事自己做”，在学生看来，特别是小学生看来，老师的话是绝对正确的。那么，本来应该由老师做的事却让学生去做，学生就会对老师的话产生怀疑，时间长了，进而对老师的人格产生怀疑，认为老师说的是一套，做的是一套。这样的老师在学生的心目中必然缺少威信，而缺少威信的老师是不可能取得良好的教育效果的。

第二，学生没有按时完成作业，自有一定理由：有的是不懂没有完成，有的是贪玩没有完成，有的是遗忘没有完成。老师只有亲自接触学生，询问缘由，才能对症下药，收到良好效果。像这样不明原因，试图通过家长的口和手达到教育学生的做法，实属粗心。粗心是失败的前奏。多次的、严重的粗心，不仅影响老师的威信，而且会伤害学生的自尊心。学生的自尊心一旦受到伤害，再要让它燃烧起来，需要付出几倍甚至十几倍的努力。这样的弯路是痛苦的。每一个老师都应该细心、精心、诚心地对待每一个学生，这是起码的职业道德。

第三，本来应该由老师做的事而让学生去做，学生又说不清、道不明，其后果是可想而知的。家长得知自己的孩子没有按时完成作业，除少数懂得教育学、心理学的家长会采取科学的方法外，相当一部分家长或可能训斥，或可能打骂。学生得知自己的同学告了自己的状，就会把对老师和家长的不满记在同学身上，造成同学之间相互怨恨，这样的结局是令人遗憾的。

由“恩师”想到的

老师对学生的理解、同情与帮助，重要的不是物质，而是精神。它包括道义上的支持，情感上的融通，情绪上的抚慰，更重要的是自信心的激励。

由恩师我想到了恩人、恩情、恩惠、恩泽等，还想到了一字之师、一事之师、一日之师等。但让我想得更多的，是什么叫恩师。

恩师，是在学生处于极端困难和迷茫的情况下，能及时给予帮助并引领学生走出困境的老师。这种帮助和引领，对学生的一生都是至关重要的，学生会记忆终身，永远不忘。我上小学时，家庭困难，处于失学边缘，一位姓范的老师知道后，找到我母亲说：“孩子是个念书的材料，可不能不念。”母亲信了范老师的话，克服困难，让我念了下来。成年后每忆及此事，感激之情便油然而生。

人生路上，特别是学生成长过程中，都是会遇到许多沟沟坎坎的。有时自己克服，过去了；有时沟特别深、坎特别高，没有别人的帮助过不去。这时候，特别需要的是理解、同情与帮助。

老师对学生的理解、同情与帮助，重要的不是物质，而是精神。它包括道义上的支持，情感上的融通，情绪上的抚慰，更重要的是自信心的激励。同情的目光，理解的表情，温暖的话语，甚至不经意间的摸摸头、拍拍肩，都会给学生巨大的鼓舞。这种鼓舞又转化成巨大的精神力量，帮助学生跨过沟沟坎坎，走出困惑阴影。

老师应该成为学生的恩师。

只要具有爱心，老师一定会成为学生的恩师。

贰　更新教育观念

AI DE YIZHAN

观念决定行动。有什么样的观念，才会有什么样的行动。人类社会之所以能从一个文明走向另一个文明，是不断更新观念的结果。一个老师从幼稚走向成熟，从成熟走向优秀，需从更新观念做起。

创造力：
一个重要的教育课题

创造是破了以后再立。创造能力是教不出来的，靠的是培养、激励与引导。

我在山西省教育学院（现太原师范学院）带过三门课：学校教育管理、学校教育评价、高等学校后勤管理与评价。这三门课都有教材，学生都可以看懂。看得懂如何讲？我的做法是：教材发给学生自学，我讲教材上没有、但是能拓宽和加深对教材各个专题理解的一些内容。

对于这些课，我没有采用标准化命题的闭卷考试方法。学生对自己选择的问题先进行阐述，我和邀请的老师根据需要，随时提出问题，由学生答辩，直至满意为止。并且规定，如果所答与教材和我的教授内容完全一致，给 60 分；如果所答能把教材内容、我的讲授和课外获取的信息综合成自己的观点，给 100 分；如果所答否定了教材和我的讲授内容，提出了一个新观点，我和其他老师认为是正确的，给 150 分。

这样做的目的是为了培养学生的创造性思维，鼓励他们具有创造力。虽然还没有学生否定教材和我讲授的观点，但是他们获取信息的能力、综合能力、表达能力、应变能力都有了一定程度的提高。

大学的教学内容、教学方法、考试办法和中小学不一样。但是，在打好基础的前提下，努力培养学生的创造能力是相同的。中小学生本来就富于想象，喜欢追根究底，老师要为他们创造条件，通过讲课、课外活动、举办创造发明展览等，鼓励他们敢想、敢说、敢做，不断培养他们的创造能力。

学校新概念

学校是所有的人、所有的设施、所有的活动都应该对学生产生感染力和教育作用的地方。

我和张卓玉老师以前都在原山西省教育学院工作。后来，他当了山西省实验中学的校长，我仍然在教育学院工作。一天我碰到了他，说了许多别后的话，但三句话不离本行，说来说去都是教育上的事。听得出，让他感受最深的是对于中学教育的重新认识。

他告诉我，在学校，教职工和教学设备都是重要的教育资源，应该充分利用。另外，还有许多资源亟待去开发。每一堵墙，每一条路，每一棵树，每一株花，每一块地，每一个设施，每一项活动，都是教育资源，都应该对学生产生影响。学校是什么？学校是所有的人、所有的设施、所有的活动都应该对学生产生感染力和教育作用的地方。他说他还计划写文章对此做专门论述。

我同意他的看法。

由此想到，我们到了一个环境非常优美、清洁的地方为什么不敢随便吐痰、乱扔纸屑？是环境的约束力与感染力。我们到了一个环境非常庄严、肃穆的地方为什么不敢嘻嘻哈哈、打打闹闹？还是环境的约束力与感染力。人是需要约束的，因为人具有主动性的一面；人是可以感染的，因为人具有被动性的一面。中小学生更是这样，他们自控能力差，缺乏正确的判断能力，情绪容易波动，需要有各种规章制度的约束；他们又富于幻想，好胜心强，渴求受到表扬，易于塑造，容易受到各种有益因素的感染。我们经常说的养成教育，就是要让学生在既受到约束又受到感染的环境里健康成长。

创建具有强烈感染力的育人环境，是取得良好教育效果的关键。每位老师都应该在育人环境上动脑筋、下功夫，使学校成为铸造学生的大熔炉。

从请旅游假说起

学生成长的主动权并不完全掌握在老师的手里，归根到底还在于学生本人。要给学生一定的自主权，让学生在实践中增长才干，在挫折中学会坚强。

最近一位朋友从国外回来后，专门到我家坐了两小时，谈他在国外的感受。其中，说得最多的是教育，诸如师生平等、重视实践、教学手段、家庭教育等。他说了一件事，让我不能平静：一个小学二年级学生的父母要出国旅游，到学校为孩子请假，老师不假思索地准了假，而且还根据学生要去的国家告诉其应注意的事项和观察的内容。这位朋友不无感慨地说："我们的孩子太累了、太苦了，应该给孩子松松绑，给他们一点自由。"

我的这位朋友是搞经济贸易的，他并不搞教育。但是为什么要和我说这些呢？大概因为我是从事教育工作的，想首先改变我的教育观念。

我不敢确定在孩子上学期间会有多少家长能带他们出去旅游，也不敢确定会有多少老师批准这样的假。带着这些疑问，我随便问寻了几位家长，他们都表示：不是假期，是不会带孩子出去旅游的，原因是怕耽误学习。没人请旅游假，自然就不存在老师会不会准假的问题了。

不是假期可不可以、应不应该带孩子出去旅游，认识上的不一致，姑且不去讨论。

听了朋友的感受，我从中受到三点启示。第一，学习的概念是很广泛的，上课、做作业、考试是学习，参加各种实践活动也是学习，而且是很重要的学习。在这个知识和信息高速传播的时代，不要把学生仅仅局限在学校里、课堂上，要让学生在实践中学习知识、增长才干。老师的责任不仅仅是让学生学会知识，更重要的是让学生会学知识，这就是我们经常说的“把打开知识宝库的金钥匙交给学生”。在传授知识中传授学法，是我们应该具有的教育观念。第二，学生很苦、很累，其实老师也很苦、很累。苦和累的原因在哪里？除了升学的压力外，另一个重要原因是学生的主动性没有充分调动起来。不管有兴趣还是没兴趣，都得按大人设计好的去做。人在没有兴趣、没有主动性的情况下，一定是很苦、很累的。让学生主动发展是素质教育的灵魂。所以，认真研究学生，下力气调动学生的主动性，是我们应该具有的教育观念。第三，对学生不能抱着走、背着走，不要把馍馍嚼烂了喂学生，不要包办代替，而要给学生自由，给学生一定的自由权。经受挫折，体验失败，既是一种很好的教育方法，也是一种珍贵的精神财富。经受过磨炼的学生，必然具有较强的适应性和竞争力，而这是现代社会人才必须具备的素质。因此，学生成长的主动权并不完全掌握在老师手里，归根到底还在于学生本人。给学生一定的自主权，让学生生动、活泼、主动地发展，应该成为所有老师的共识。

坚持就是信心

每个学生都是可爱的。如果老师能给他们洒出一腔关爱之情，他们就会结出丰硕的果实。

一位数学老师讲述了他的苦恼：一个学生诚实守信，关心集体，热爱劳动，可就是数学成绩太差，大考小考，总是不及格。按理说，每节数学课他精力都很集中，为什么成绩总是上不去？这次期末考试，仍是不及格，补考时有意降低题的难度，还是不及格。这位老师看在眼里，急在心上。可以看出，他对学生的着急心情是真诚的。

听了这位老师的叙述，我的心情既兴奋又沉重。多么有责任心的老师！面对学生的数学成绩不好他是着急，而不是放弃，更没有丝毫的埋怨与歧视。良好的师德，谁听了都会敬仰。多么可爱的学生！虽然屡次考试不及格，但是仍然坚持上课，集中听讲，谁听了心里都会感到不安。

这天夜里，我久久不能入睡，想了很多很多。其实，类似这位同学的现象很多，怀着着急、苦恼心情的老师也大有人在。关键在于正确认识，善意对待，才能妥善解决。

学生虽然学习有困难，考试成绩不理想，但仍然坚持上课，不管出于什么原因，都是信心没有泯灭的表现，他们憧憬着有一天出现奇迹般的变化。仅就这一点，就值得我们老师学习。成年人中经常会出现这样的现象：做某一件事，失败了；再做，又失败了。多次失败后，便放弃不再去做了。学生不是这样，无论受了批评还是学习有困难，他们仍然坚持到校，坚持上课，每一个老师都应发自内心地尊重他们，学习他们。

作为老师，对于学习暂时有困难、成绩不理想的学生不能失去信心，而应该以自己的信心去激活学生的信心，让学生体验到老师的良苦用心，把对老师的尊重、敬佩之情转移到学习上，成为努力向上的一种动力。公然歧视、挖苦、讥讽学生是错误的，其结果只能是使学生破罐子破摔，学生长大了，懂事了，会说这样的老师不负责任。即使是无意识的伤害，哪怕是一个眼神、一个动作、一句话，都会在学生的心里留下一块伤疤，要想抹掉它，需要付出十倍、百倍的努力。

学生在某些方面突出，在某些方面一般；在某些课程上优秀，在某些课程上较差，这是一种普遍的正常现象。作为老师，就是要鼓励学生发挥优势，协助学生克服不足。我们说的全面发展，是让学生在原有的基础上都得到提高，并不是都达到统一的尺度。中小学教育属于打基础的教育，不应放弃任何一个方面。让学生的各个方面、各门课程都在原来的基础上得到提高就是打基础。

每个学生都是可爱的。如果老师能给他们洒出一腔关爱之情，他们就会在爱的阳光下茁壮成长，结出丰硕的果实。

谁聪明？

想象力是一种可贵的智力因素，是学生不懈追求的一种动力。想象是伟大的母亲，她能够衍生杰出的儿女。

据报载，一位女老师画了一个大圆圈问大学生“这是什么”？大学生思考良久答曰“可能是零”。女老师到幼儿园，画了同样一个圆圈问孩子们“这是什么”？孩子们争先恐后、七嘴八舌地回答“是太阳”“是烧饼”“是足球”“是车轮”“是鸡蛋”“是西瓜”“是瞪大的眼睛”“是布娃娃脸上的小酒窝”……女老师听了，目瞪口呆。

我理解，以上并不是说大学生不聪明。大学生具有的聪明才智是不言而喻的。它是从另一个角度说明要重视人的潜能，特别是中小学生潜能的开发。

潜能是指隐藏着的能力。在中小学生各种各样的潜能中，想象力是最丰富的。他们虽然生活阅历浅，拥有的知识也不多，但他们思维活跃，富于幻想，很少保守，善于想象的翅膀经常会把他们带到很远很远的地方。

想象力是一种可贵的智力因素。善于想象的学生精力旺盛，经常保持着一种上进的心态，因为在他们的心里，生活是美好的，世界是美好的，人们是美好的。他们把联想变成一种美丽的憧憬，成了不懈追求的一种动力。

老师要鼓励、启发、引导学生去想象，即使有的想象是天真幼稚甚至是异想天开的，那也是可贵的，因为那是一份童真，是孩子们的追求，蕴藏着一种力量。

联想鸟的飞翔，大胆想象发明了飞机；联想蒸汽冲击壶盖，大胆想象发明了蒸汽机车；联想青蛙游泳，大胆想象出现了人的蛙泳……想象是伟大的母亲，她能够衍生杰出的儿女。

一个标准答案引出的思考

想象力是创造的基础。培养具有创造能力的学生，首先从培养学生的想象力开始。

暑假骨干教师培训时，大家对标准化命题和标准答案进行了激烈讨论，一位老师的发言引出我许多思考。她说，前不久她的学生参加了一次统一组织的考试，用的是标准化命题。其中，有一道题是“冰雪融化以后是什么”，标准答案是“水”，绝大部分学生也答的是“水”。但是，有一个学生答的不是“水”，而是“春天”。她觉得非常好，很有想象力和创造性，应该按回答正确打分。找到领导，领导不敢做主，再向上级反映，答复是按标准答案办。她不无感慨地说：“这是扼杀想象力和创造力啊!”

是啊，多么好的答案。冰雪融化，严冬过去，接踵而来的不正是春天吗？只是它和标准答案不一致，所以只能打“0”分。

我无意否定标准化命题对于改进考试和公平阅卷的作用。我只是想从另一个角度说明培养学生想象力、创造力的重要性。

想象力是人的智力因素中极为重要的一种素质，它是在联想基础上的一种创造性思维，是步入科学研究和创造发明的必经之门。正是有了想象力的参与，人类才走出了捕鱼狩猎、刀耕火种的野蛮时代，进入了物质与精神生活都丰富多彩的现代社会。

中小学生天真烂漫、富于幻想，他们像初生牛犊一样，没有框框，很少保守，想象力像春天的风筝，飞得很高很远。老师要珍惜它、保护它，使它在自己的辛勤浇灌下茁壮成长。学生异想天开的提问，天真幼稚的创造，滑稽可笑的举动，很可能是想象力的光点，老师要抓住它，耐心引导。

想象力是创造的基础。培养具有创造能力的下一代，让我们从培养学生的想象力开始吧！

“听话” 质疑

要让学生心悦诚服地听老师的话，最好的办法是老师也听学生的话。

父母喜欢听话的孩子，老师喜欢听话的学生，这大概是个规律。表面看来，喜欢听话也无大错。仔细探究，这个普遍现象下却掩盖着确需质疑的许多问题。

近日看到一篇短文，大意是这样的：从奶牛、大象、小鸟、椅子中选出一个不同于其他三个的词。按一般思维，当选椅子，因为它不是生物。但换个角度，可以得出许多结论：选择奶牛，因为它可以挤出牛奶；选择大象，因为它力大无比；选择小鸟，因为它可以飞上天空。如此说来，任选其中一种都不同于其他三种，应该说答案都是正确的。如果把正确答案限定在椅子上，毫无疑问是限制了人的思维。

这篇短文不仅鼓励了我质疑的勇气，而且增添了我质疑的佐证。

在我们的周围还有很多这样的例子，从不同的角度，用不同的思维方式，会带来不同的结果。作为老师不能强迫学生必须听自己的话，更不能因为学生对自己的话提出不同看法而厌恶学生。冷静分析，老师的话可能有四种情况：一、实践证明是正确的，学生当然应该听从，对这样的学生也应该喜欢。二、实践证明是正确的，学生应该听从而没有听从，对这样的学生应该耐心引导而不应当冷漠对待，更不能歧视。三、从一个角度看，用一种思维方式判断是正确的，但换个角度和思维方式就未必正确。这种情况下，不能“以师压人”，强迫学生接受，而应当听听学生的意见，鼓励学生独立思维，勇于创新。如果放不下老师的架子，“唯我独尊”，给学生戴上“不听话”的帽子，其实质是扼杀学生刚刚萌发的思维兴趣，无异于铲除了一株鲜活的思想嫩芽，它会伤害学生的一生。四、事实证明是错误的，或者没有意识到错误，或者丢不起老师的“面子”，仍然强迫学生听从，不听错误的话也属“不听话”。这样的危害更大，大到老师完全失去了威信，最后导致教育的失败。

教育本身就是一种创造，根据各人的特点把学生塑造成既符合社会发展需要又具有鲜明个性的人，不应该企图用一个模子把学生塑造成个性特点完全一样的人。老师的责任是帮助学生剪掉那些不健康的、影响成长的枝枝杈杈，使他们长成参天大树。

人们常用“可怜天下父母心”来形容父母对子女的谆谆教诲和殷切期望。其实，老师对学生又何尝不是用心良苦？可以肯定，希望学生听话，喜欢听话的学生，愿望都是好的。但是，老师也是人，也有不周全的时候，也有说错话的时候。不周全，说错了，还必须听，太难为学生了！

学生与老师，老师是成人，是主导，学生应该听老师的话。但是如何才能让学生心悦诚服地听老师的话？最好的办法是老师也听学生的话。正确的采纳，不正确的加以引导。师生平等了，成了朋友，才能“亲其师，信其道”。

勤奋为何受到批评

无论多么辛苦、多么紧张，都要挤出时间思考。思考就是反思，反思就有收获。如果实践是勤奋的，思考是认真的，任何一位老师的专业水平都会得到大幅度提高。

报载，一留学生的导师问道："昨天上午你做什么?"答曰："做实验。"又问："下午你做什么?"答曰："做实验。"再问："晚上你做什么?"答曰："做实验。"导师生气了，严厉训斥道："做实验！做实验！你什么时候思考?"

留学生很勤奋，整天钻在实验室里做实验。但是，却受到了导师的严厉批评，批评的原因是他不思考。

这让我想起了我们的老师。老师很辛苦，中小学老师的工作量是难以用课时计算的。备课、上课、批改作业、个别辅导、团队生活、班会组织、课外活动、家庭访问等等，占据了老师的绝大部分时间。但是，无论多么辛苦、多么紧张，都要挤出时间思考。

思考就是反思，反思就有收获。《论语》里曾子曰："吾日三省吾身，为人谋而不忠乎？与朋友交而不信乎？传不习乎？”曾子的“三省”，概括起来就是做事、做人、学习。如果我们的老师每天能在这三个方面加以思考，一定会有所收获。这是专业成长的主要渠道。

反思一天的工作，哪些成功了，哪些失败了，哪些平平淡淡没有起色，原因在哪里；反思与学生交往是否真诚，情感投入是否充分，每个学生的积极性是否得到了尽情展示；反思今天学到了什么，有什么收获，哪些可以用到工作上。如果实践是勤奋的，思考是认真的，任何一位老师的专业水平都会得到大幅度提高。

更新学生观

只有差异，没有差生。

很多学校把学习成绩差的学生叫作“差等生”，把学习成绩不理想又经常犯小错误的学生叫作“双差生”。

1994 年，我和《德育报》的同仁们探讨，能否不出现“差等生”“双差生”“后进生”的叫法，这样太刺激人，不利于老师的教，不利于学生的学，也不利于家长的配合。经过研究，大家同意把学习成绩差的学生叫作“学习一时有困难的学生”，把学习成绩差又经常犯小错误的学生叫作“学习一时有困难和行为一时有过失的学生”。

这是一个重大的转变，是一个重要的教育观念的确立。

有的学生学习成绩差，这是客观存在的，也是正常的。不分析原因，简单地把他们归结为“差等”“后进”“双差”，不利于调动老师、学生和家长的积极性，最终会导致教育的失败。作为老师，重要的是树立信心，相信经过努力，每个学生都会在原来的基础上有所提高。作为学生，重要的是不能失去自信，相信困难是一时的，只要努力，成绩的提高将是必然的。

至于有的学生经常犯小错误，是学生天真活泼特性的表现，是他们情绪容易波动、自控能力差造成的，许多过失是无意识的。只要加强引导，这些过失必将大大减少。不能把行为上的一时过失看作是思想意识和道德品质问题，那样做会伤害学生，会在学生纯洁的心里留下一片阴影。

世上万物都是发展变化的，学生更是这样。他们在学习上的困难是暂时的，行为上的过失是偶然的。有了这个思想，确立正确的学生观就有了基础。

自信比什么都重要

用自己的信心去激发学生的自信。成功的教育在很大程度上是建立在老师的信心和学生的自信这个基础上的。

一位心理学家做了这样一个实验：

他到一个刚开学的初中一年级班里，随意记下了十几个学生的名字，然后找到班主任老师说："经过测试，这十几名学生潜力最大，将来在你们班里是最有发展前途的。"并且要求班主任保密，不要告诉学生。

班主任老师非常高兴，无意中把心理学家的话全告诉了学生。学生充满了自信，因为专家说自己潜力很大。学生把专家的话又告诉了家长，家长对孩子充满了信心，因为专家说自己的孩子潜力很大。

一年后，心理学家又到这个班通过仪器和其他方式进行了测试，果然这十几名学生的许多指标在这个班里名列前茅。

这一实验告诉我们，激发和保护学生的自信心比什么都重要。

仔细观察，我们不难发现，所有学生都有积极向上的愿望，即使学习一时有困难的学生，他们也企盼着出现奇迹般的变化，向上的心并没有泯灭。

因此，老师对所有学生都要抱有信心，用自己的信心去激发学生的自信，使学生感到“我能行”。可以说，成功的教育在很大程度上是建立在老师的信心和学生的自信这个基础上的。

只有创新才有活力

教育是需要创新的。如果不创新，老师必然产生职业倦怠，学生必然产生学习倦怠，学校必然平平淡淡、死气沉沉。

教育是需要创新的。因为学生虽然换了一批又一批，但总归是学生；教材虽然不时有所变化，但总归不是翻天覆地的。打铃上课，到时下课，每天奔波于家庭、学校两点一线之间，如果不创新，老师必然产生职业倦怠，学生必然产生学习倦怠，学校必然平平淡淡、死气沉沉。

那么，什么是创新呢？创新不是猎奇，更不是蛮干，而是在尊重客观事物规律的基础上探讨新的观念、寻找新的渠道、摸索新的方法。我们的工作是相对稳定的，但观念、方法、渠道不能故步自封、一成不变。流水之所以不腐，户枢之所以不蠹，是因为水和枢都处于动的状态。假若长期不动，水就会变腐臭，枢就会被蛀蚀。老师的工作是稳定的，但观念、方法以及对学生施以影响的渠道不能呆板、陈旧、不变，应该随着社会的变化、学生的变化不断变革自己，用新的观念、新的渠道、新的方法去适应学生，这就是创新。学生朝气蓬勃，充满生气，他们欢迎有创新精神的老师，因为只有创新才有活力。

老师的创新全是为了学生。因此，教育教学内容、教育教学方法、教育教学手段要研究，但是更重要的是研究学生。老师对学生研究得越深、越透，就越热爱学生，教学方法就越有针对性，教育教学效果才会越来越好。

说素质

如果把素质比作一棵参天大树，身体素质是树根，社会素质是树干，心理素质是树叶。

什么是人的素质？在实施素质教育的过程中应该从哪些方面去提高中小学生的素质？

大家公认，人的素质主要由三个方面组成，一是社会素质，二是心理素质，三是生理素质。社会素质的核心是文化素质。人之所以被尊为高级动物，就是接受了社会文化。社会素质包括文化科学知识与技术，它是叫人们学真（因为在科学技术上不允许有半点虚假，必须踏实认真）；包括思想情操与道德行为，它是叫人们学善（因为只有具备高尚情操与道德行为的人，才能关心他人，关心社会）；包括文化修养与艺术水平，它是叫人们学美（因为只有具备一定文化修养与艺术水准的人，才能欣赏美、鉴别美，进而创造美）。社会素质是让人具有真、善、美的品质。

心理素质是智力因素与非智力因素的结合。人的智力因素包括观察力、注意力、思维力、想象力、记忆力。非智力因素包括情感、意志、兴趣、爱好、毅力、行为习惯等。让学生在这两个方面都得到发展与提高，就为他们养成良好的心理素质奠定了基础。

生理素质也叫自然素质或身体素质，是人与生俱来的先天因素，包括人的形体、器官、神经等。虽然这些素质以先天为主，但后天因素也有重大作用，诸如生活环境与条件、保护身体的科学常识、是否坚持锻炼等。身体素质是人们从事任何工作的物质基础，没有健康的身体，即使你的理想再宏伟，也只能是“力不从心”或“心有余而力不足”。

素质是一个综合体。我把它比作一棵参天大树：身体素质是树根，社会素质是树干，心理素质是树叶。根深、枝壮、叶茂，这就是为什么必须坚持全面发展的基本道理。

再说素质：一定要重视学生的心理健康

人的整体素质中，心理素质是核心。它既影响身体素质的水平，也影响社会素质的质量。

由于长期忽视心理健康教育，目前中小学生比较普遍地存在着情感脆弱、害怕吃苦、经受失败与挫折的能力差、爱好单调、不善交往、不敢创新、不愿主动参与公益活动等心理障碍。

人的整体素质中，身体素质是基础，社会素质是灵魂，心理素质是核心。心理素质既影响身体素质的水平，也影响社会素质的质量。许多智力因素并不突出，但意志和毅力非常坚强的人成功了；许多人在广泛兴趣的强烈推动下，克服一切困难，也成功了。这都说明心理素质的重要性。

人的智力因素（观察力、注意力、思维力、想象力、记忆力）本身并没有积极性，只有当它和非智力因素（情感、意志、兴趣、爱好、毅力、行为习惯等）结合在一起的时候，才会显得十分主动、活跃。比如，当学生对某门功课产生兴趣并有强烈好感的时候，他的注意力、观察力会非常集中；当学生对某件事感兴趣的时候，他就会开动脑筋，想象力就会插上翅膀，飞得很远很远；当学生有了坚强的意志和坚韧的毅力的时候，他的记忆力就会令人惊奇。所有这些都说明，心理素质是智力因素与非智力因素的“合金”。

所以，加强心理健康教育，提高学生的心理素质，要十分重视保护和培养学生的非智力因素，通过课内课外丰富多彩的活动，激发学生的广泛兴趣与爱好，锤炼学生的意志与毅力，养成学生良好的行为习惯。我们经常说要尊重学生的主体地位，调动学生的主动精神，在很大程度上就是指开发学生的非智力因素。一旦非智力因素得到了充分开发，并与智力因素紧密结合，我们必将获得教育工作的伟大丰收。

重视与提高学生的心理素质，这是时代的呼唤。

三说素质：如何理解社会素质

知识、道德、艺术，是社会素质大树上的三个硕果。

人的社会素质基本上是后天形成的。影响社会素质的主要因素有学校教育、家庭教育和社会教育。其中，学校教育是关键，它既可以影响家庭教育，又可以充实社会教育，是打好社会素质基础的重要阶段。

如何理解人的社会素质？最重要的是全面。

文化科学知识与技能是社会素质的基石，我国的学校教育有着重视基础知识教学的优良传统，中小学生掌握的基础知识是举世公认的。但受传统观念的束缚，存在的问题也非常突出。一是学得很死，死记硬背现象比较普遍；二是对智力因素的开发还处在不自觉状态，尤其是不通过激发非智力因素去开发智力因素；三是忽视能力的培养，学生主动参与的能力、自学的能力、创新的能力、灵活运用知识的能力、获取信息的能力普遍不高。在德、智、体、美、劳诸育中，如果把智比作一座金字塔，基础知识就是它的基础，智力因素是它的身躯，各种能力是它的顶端。而我们现在忽视了塔身和顶端的建筑，或者说建得不好，这就在社会素质的培养上出现了严重的缺陷。

让学生学会做人是我国学校教育的传统，古今许多教育大家在这一方面给我们树立了光辉的榜样。从道理上讲，谁都清楚应该把思想意识和道德行为的教育放在一个很重要的位置，但由于各种原因，有的没有到位，有的没有放好，这是理解与执行上的不全面。早在唐代，韩愈就精辟指出："师者，所以传道授业解惑也。"至今，老师的全部工作也还是传播和示范做人的道理，讲授文化科学知识，全面关心学生，帮助学生解决遇到的各种困难。教学永远具有教育性，老师必然影响学生。纯粹传播知识的老师是不存在的，不是对学生产生正面影响，就是对学生产生负面影响。这就要求老师必须加强自身修养，通过大量的教学活动，为学生树立一个做人的榜样。

由于升学的压力，艺术教育被挤压得位置很低或没有位置，而且年级越高越严重；一些学校甚至把开展丰富多彩的艺术教育活动看成可有可无的事情。其实，从人类应有的社会素质来说，只有每个人对艺术都具有欣赏、鉴别和创造能力，我们的社会才能变得美好。依据中小学生的年龄特点，开展形式多样的艺术教育活动，对于开阔其视野，激活其非智力因素大有好处。

综上所述，必要的文化科学知识与技能，良好的思想情操与道德行为，一定的欣赏、鉴别、创造艺术美的能力，是人的社会素质的主要成分。

四说素质：
一定要重视非智力因素的培养

非智力因素好比太阳，它不仅给人以温暖，还给人以力量。

提到张衡，人们自然会和地动仪联系起来。其实，他是兴趣广泛、成就卓著的科学家。他一生共有著作 20 种 53 篇，涉及文学、史学、哲学、天文、地理、艺术等许多方面，是世界史上罕见的全面发展的人。

提到笛卡尔，人们公认他是一位伟大的科学家。其实，他还是一位见多识广的旅行家。他有句名言："世界是一本大书。"因此，他终身不停地在各地游历。

提到爱因斯坦，人们奉其为科学巨人。其实，他还是一位卓越的小提琴演奏家。他甚至说教他小提琴的老师对自己的影响比教他数学的老师还深远。

……

可见，广泛的兴趣爱好，丰富的情感世界，坚强的意志和毅力，良好的行为习惯，是一个人获得成功的重要因素。

中小学生正处于认识世界的发育时期，他们天性活泼，好奇爱动，个性明显，富于幻想，一定要抓住这一极好的机会激活他们的非智力因素。

根据许多老师的经验，大体可以通过以下五条渠道去激发和培养学生的非智力因素。

一是通过各种兴趣活动，如书法、绘画、摄影、乐器、歌咏、文学创作、小创造发明等，培养学生广泛的兴趣和爱好。二是通过各种竞赛活动，如体育、演讲、朗诵、展览等，培养学生的意志和毅力，以及互相协作的集体主义精神。三是通过各种校外活动，如旅游、参观、访问等，开阔学生的视野，培养学生的审美情趣。四是通过有组织的社会活动，如“手拉手”“结对子”“献爱心”等，培养学生理解、同情、关心他人的思想情操，让学生从小就有爱心。五是通过制订、实行学校和班级的各种制度，如卫生、劳动、纪律、安全、文明礼貌等方面的制度，使学生养成良好的行为习惯。

“智力因素好比月球，非智力因素好比太阳。”月球本身是不发光的，我们看到的月光，是太阳光照在月球上又折射到地球上的光。只要我们重视培养学生的非智力因素，就可以实现“日月同辉”。

五说素质：什么是健康

当代教育的重大课题之一是重视学生的心理健康。

所谓健康是指身心两个方面状态良好。一方面身体要健壮，另一方面心理要健康。哪一个方面有缺陷，都是不健康的表现。

心理健康的主要标志是有较强的适应和承受能力。能够适应和承受各种意外情况，能够冷静、理智地对待和处理各种关系，是良好心理的集中表现。

中小学生受生活阅历的局限，心理素质还非常稚嫩，犹如一棵刚刚破土而出的幼苗，稍不留心就会被伤害。一般来说，老师和家长对学生的身体健康是重视的，但对学生的心理健康却处于不自觉状态。其实，身心健康的关键在心理健康。如果身体有疾病，只要心理健康，通过积极锻炼，及时治疗，科学调养，可以变得健壮。而如果心理不健康，即使先天素质很好，也会慢慢变差。人一旦没有了精神支柱，躯体就会倾斜，甚至倒塌。因此，要十分重视学生的心理健康。

身体健康靠锻炼。早操、课间操、保健操、课外活动是受法律保护的，要坚持组织学生参加。如果老师能身体力行，带领学生共同参与，无论对老师本人还是对学生都是有好处的。

心理健康也要靠锻炼。没有经历过成功，就体会不到成功的喜悦；没有经历过失败，就体会不到失败的痛苦。胜不骄、败不馁，坚持不懈，顽强拼搏等优秀品质是在实践中锻炼出来的，并不完全是别人讲出来的，也不是从书上念出来的。因此，老师要有目的地引导学生进行心理锻炼，提高学生在心理上的适应能力和承受能力。

重视学生的心理健康，这是当代教育的一个重大课题。

主演与导演

成功导演的示范作用不仅仅反映在对艺术形象的细致表现上，更重要的是在人品上能对演员产生影响，以身教告诉演员如何做人。

戏剧、电影、电视里经常出现主演与导演。由此我想到了教学活动中学生的主体地位与老师的主导作用。

导演的作用是引导演员理解人物性格，激发演员的情感，从而塑造符合实际的人物形象。导演不能代替演员，他只是帮助演员体验人物性格的外因，真正塑造人物形象的是演员本人，表演成功主要靠的是演员本人的内在因素。

在教学活动中，全体学生都是“主演”，是靠内在动力攀登知识高峰的真正主人，这就是学生的主体地位。老师是“导演”，是激发学生内在因素的外部力量，这就是老师的主导作用。

学生能不能成为“主演”，内在因素能不能得到充分调动，关键在“导演”，在老师的主导作用。在戏剧、电影的众多导演里，虽然各人有各人的风格，但成功的导演都遵循着共同的规律。这些规律概括起来就是：第一，充分尊重演员。他们知道，只有尊重演员，才能赢得演员对导演的尊重，演员才能以平静的心态接纳导演的意图，从而塑造出符合人物性格的艺术形象。著名的导演，都把尊重演员看作是重要的感情投资，它可以转化为一种力量。正因为导演尊重演员，所以许多演员和导演结下了深厚的情谊，不少演员在获得荣誉时，第一个要感谢的就是导演。第二，激励演员自信。他们知道，自信是非常重要的精神力量，有了自信，才有成功的希望。即使失败了，他们也不责怪、埋怨演员，而是和演员一起探讨如何取得成功。成功导演的高明之处就在于他们能让演员始终保持一种跃跃欲试的精神状态，这种精神状态就是内在动力。第三，鼓励演员创新。他们知道，创新是发展的基础，要拿出群众喜闻乐见的文艺作品，导演与演员都必须创新。导演有导演的优势，演员有演员的长处。对于演员的创新，导演总是积极采纳，这一方面可以使文艺作品更加丰满，更加真实，另一方面也极大地调动了演员的积极性和主动性。第四，注重以身示范。他们知道，空洞说教式的导演是苍白无力的，只有示范才能产生榜样的力量。文艺作品来源于生活，但必须高于生活，因为它要指导人们如何生活。所以，成功导演的示范作用不仅仅反映在对艺术形象的细致表现上，更重要的是在人品上能对演员产生影响，以身教告诉演员如何做人。

我想，我们可以从成功导演的共同规律里受到启发，有所借鉴，从而成为一位名师。

说和谐教育

好的办学思想的集中表现就是为学生服务，为学生的发展服务。

偶遇一位校长，一见面他就向我诉苦说现在的工作不好做，并且拿一位家长的事例加以证实。说这位家长如何蛮不讲理，胡搅蛮缠。说来也巧，这位家长也认识我，到我家串门，同样气呼呼地诉说了这位校长如何盛气凌人、不可一世。看得出，本应和谐的学校与家长的关系，变得不和谐了。

由此，我想到了和谐教育以及如何构建和谐教育。

微观上说，和谐教育就是校长要善待老师，老师要善待学生，家长要善待孩子，学校要善待家长，家长要善待老师。学校、家庭这个小系统中，校长、老师、家长、学生四个方面相互理解了、善待了，也就和谐了。

校长、老师、家长、学生四个方面中，老师是连接学校与家长的纽带，是引领学生健康成长的榜样，是实现和谐教育的桥梁。老师的作用怎么说都不为过。

大家都说“一个好校长就是一所好学校”。好校长好在哪里？

好在具有现代理念的办学思想。学校为什么就好了？校长的办学思想变成了全体老师的思想，好的办学思想落到实处，发挥了作用，产生了效果。

传统教育是选择适合教育的学生，现代教育是选择适合学生的教育。好的办学思想的集中表现就是为学生服务，为学生的发展服务。有了这一教育思想，就有了和谐师生关系的基础，老师就成了和谐人际关系的纽带。

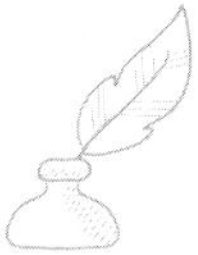

再说和谐教育

善待学生主要是指当学生失败了、犯了错误、出现反复、产生逆反情绪时，老师能以乐观的态度、积极的措施对学生施以影响。

学生有进步、成绩好，老师高兴，通常的表现是友善的。这是人之常情，很正常。善待学生主要是指当学生失败了、犯了错误、出现反复、产生逆反情绪时，老师能以乐观的态度、积极的措施对学生施以影响。

遭遇失败对于任何人都是必然的、正常的，学生更是这样，可以说，经受失败是他们健康成长不可或缺的一部分。老师要理智地对待学生的失败，在他们遇到失败时，忌讳的是埋怨、是指责，需要的是安慰、是鼓励，是帮助他们分析原因，是增强他们抵御失败的免疫力。

错误对于任何人也是必然的、正常的，世上不存在不犯错误的人。善待学生的错误不是做好人、和稀泥，而是在深思熟虑的基础上进行说理的批评，帮助他们明白错在哪里，为什么错了以及如何减少差错。特别严重的，要帮助他们走出失败或错误的阴影，使他们始终保持青春的朝气和活力。

同样一个错误犯了再犯，出现反复，虽然让老师上火、生气，但是上火、生气甚至简单的训斥、惩罚是不起作用的。善待学生的反复，就是要有耐心，用真诚去感动他们，减少反复，最终在同一件事情上根除反复。

如果说善待学生的失败、错误和反复相对容易的话，那么，善待学生的逆反则是很困难的，原因是逆反的表现是对老师的不满、顶撞和反抗。

遇到这种情况，老师要想一想学生为什么会逆反。原因可能有三：一是老师态度粗暴，学生不满；二是事情有出入，学生被冤枉了；三是老师唠唠叨叨，学生厌烦了。分清了原因，相信老师会给予妥善处置。

三说和谐教育

老师善待家长，家长善待老师，相互理解，彼此尊重，学校教育与家庭教育相得益彰，形成合力，对学生的健康成长是非常重要的。

善待家长是我思考良久才提出来的。因为在老师面前，无论家长个人或家长群体都处于弱势。孩子在老师手里，无论如何家长都不敢冒犯老师。我曾经就因为孩子的学习成绩不好而受到过班主任老师的严厉批评，而我不能也不敢申辩。

善待家长的目的是为了学生。家长是孩子的第一任老师，实际和老师一样，家长也是孩子的终身老师。老师善待家长，家长善待老师，相互理解，彼此尊重，学校教育与家庭教育相得益彰，形成合力，对学生的健康成长是非常重要的。

善待家长的目的也是为了自己。细细想一下，学生的家长分布在不同的工作岗位上，他们每个人都有自己的优势，都有值得我们老师学习借鉴的地方。善待他们，尊重他们，我们会从他们身上学到书本上学不到的东西，对提高我们的综合素质是大有好处的。

任何一位家长都希望自己的孩子成人成才，出类拔萃，在对孩子的教育上非常投入，非常关注。但是，由于绝大多数家长缺少教育学、心理学知识，难免在孩子教育上出现溺爱、粗暴、放任等错误做法。对于这种现象，老师要予以理解，耐心帮助，传播现代教育理念，以便取得家长更加科学的配合。

现实中，还可能遇到少数家长不合情理的要求，甚至由于误会而出现的指责。老师也是人，不生气是不可能的，但是，重要的不是生气，不是以牙还牙，而是说明真相、以理服人。理智和冷静是为人师表的重要标志。

什么是会学习

会学习就是会思维。既然会学习就是会思维，老师在课堂教学中的重点就应当是以知识为例子，引领学生围绕例子去认识，知道是什么、为什么、怎么办。

让学生会学习、会合作、会做事、会做人，是教育要达到的四个目的，也被称为教育的四大支柱。因此，许多学校把“四会”大大地写在墙上，作为自己的办学思想。“四会”中，首先是会学习。什么是会学习呢？

通俗地说，会学习就是会思维。什么又是思维呢？思维就是在一种表象、一个概念的基础上进行分析、判断、推理、归纳的认识活动过程。仔细想一想，我们上课就是让学生学会思维。先做一个演示实验（一种表象），或提出一个问题（一个概念），然后由老师讲解或组织学生讨论，最后经过分析、判断、推理、归纳，得出一个结论。这不就是一个完整的认识活动过程吗？

有人说，课堂上，重要的不是记住知识，而是学会思维。知识无非是个例子，是以某一个知识点为例，引领学生通过对其认识的活动过程，达到会思维亦即会学习的目的。老师如果只满足于让学生记住知识，而不注意引领学生去分析、判断、推理、归纳，那他充其量就是个教书匠、传声筒、泥瓦工。关注表面，忽略实质，这种课堂教学是不能满足学生成长需要的。

既然会学习就是会思维，老师在课堂教学中的重点就应当是以知识为例子，引领学生围绕例子去认识，知道是什么、为什么、怎么办。这样，死记硬背便会成为理解基础上的记忆，而且能够运用知识去解决问题。知识是无限的，只有学会学习，才能获取更多的知识。

当学生出现过错以后

理解、同情和帮助有过错的学生，是一个老师获得成功的唯一正确的途径。

最近看《心灵鸡汤》一书，书中许多故事吸引了我，感动着我。其中一个关于孩子出现过错以后母亲应该怎么办的故事，不仅对家长，而且对我们做老师的都有很大的启发。

史蒂芬·葛雷是个曾经有过重要的医学成就的科学家。一个报社的记者采访他，为什么会比一般人更有创造力？他回答说，这与他两岁时母亲的帮助有关。

一次，他尝试从冰箱里拿一瓶牛奶，但瓶子很滑，失手掉在地上，牛奶撒了一地。母亲看到后，没有大呼小叫，没有训斥，更没有惩罚，她说："你制造的混乱真棒！反正损害已经造成了，在我们清理它以前你要不要在牛奶里玩几分钟？"他真的玩了。几分钟后，他根据母亲的提议，选择海绵清理了洒在地上的牛奶。

母亲又说："我们在如何有效地用两只小手拿大奶瓶上已经有了失败的经验，让我们到后院去，把瓶子装满水，看看你是否拿得动它。”他用双手抓住瓶子上端接近瓶嘴的地方，瓶子没有掉下来。这堂课真棒！

这位科学家深有感触地说，那一刻他知道不要害怕错误。此外，他还知道了错误只是学习新东西的机会，科学实验也是如此，即使失败，我们还是会从中学到有价值的东西。

学生总归是学生，在他们成长的过程中，难免出现这样那样的过失。面对学生的过错，我们应该像上述那位母亲一样，第一，和蔼、幽默地指出错在什么地方；第二，耐心、诚恳地帮助学生认识为什么错了，如何改正。切不可在学生出现过错时动辄训斥，甚至失去理智，体罚或变相体罚学生。

理解、同情和帮助有过错的学生，是一个老师获得成功的唯一正确的途径。

叁　探索教育艺术

AI DE YIZHAN

教育不是板起面孔的说教，不是强迫命令的训斥，不是枯燥乏味的灌输，而是一门艺术。大到老师的一个决定，小到老师的一个眼神，传递到学生那里，学生接受、学生欣赏，这便是教育艺术。教育艺术是后天形成的，需要我们去学习，去实践，去总结。

学会幽默

幽默是一种艺术，一种素质。老师的幽默不仅是自身素质的体现，也是教育的需要。

《德育报》曾发表过一篇题为《利息》的短文，大意是一位同学的作文考了59分，请求老师加1分及格。老师说可以借给1分，不过是要付利息的，而且是10倍的利息，下次考试还我10分。下次作文考试，这位同学考了91分，还了老师10分还有81分。这位老师通过借分数、要利息、还分数等幽默的语言，促进了学生的学习，显示了高超的教育艺术。

我认识的一位老师向我讲述了他处理学生上课打瞌睡问题的故事。当发现几个同学睡觉时，他有意压低声音说："几个同学睡觉了，可能是应该休息了，我们先睡一觉再讲课。"说完，便趴在课桌上装作睡觉模样。同学们克制着不敢作声，教室里一片沉静。大概是太静了，几个睡觉的同学反而醒了。老师发现他们醒了，站起来，伸伸腰说："休息好了，我们继续讲课。"这位老师幽默的动作也显示了高超的教育艺术。据他说，自此以后再没有发现同学上课时睡觉的现象。

幽默是一种艺术，是一种素质。一句得体的话语，一个可爱的动作，一个风趣的表情，都会引出意想不到的效果。老师的幽默不仅是自身素质的体现，也是教育的需要。敢于和善于幽默的老师，不以教育者自居，而是把自己置身于学生之中，使师生的心紧紧依偎在一起，所以他才敢于幽默，让学生从幽默中受到启发，受到教育。

有人认为师生有别，老师在学生面前太随便了会失去老师的威严，降低老师的威信，其实这是对师道尊严的一种误解。师道尊严关键在道，在于老师高尚的人品、广博的知识和符合学生心理的教育方法。如果道不好，即使每天板着面孔，也不会受到学生的尊重。

老师恰如其分的幽默是一种教育手段。所有老师都应该学会幽默。

老师应有的能力

能力是桥，能力是船。有了能力，我们才能到达理想的彼岸。一位老师，道德再高尚，知识再丰富，没有老师应有的能力，是不会取得优秀的教育效果的。

思想道德是老师的职业灵魂，专业知识是老师的成功基础，专业能力是老师的基本条件。道德再高尚，知识再丰富，没有老师应有的能力，是不会取得优秀的教育效果的。正像我们要到达河的彼岸，没有桥、没有船、不会游泳，只能望河兴叹。老师的能力，是老师实现教育理想的基本条件。

一个现代老师，至少应具有以下一些能力：

1. 与学生交流、沟通和合作的能力。教与学是双方面的，学生的积极性是需要老师激励的，学生的学习方法是需要老师引导的。老师若没有交流、沟通和合作的能力，充其量只是个教书匠。

2. 开发、使用教材的能力。即从学生的实际出发，认真钻研教材，灵活使用教材，熟练把握教材。所以，要用教材而不是教教材。

3. 研究与指导学生改进学习方法的能力。教法的本质是以知识为例子，教给学生如何分析、判断、推理、归纳，也就是教给学生如何思维、如何学习。所以，研究与指导学生改进学习方法，比教给一点死的知识更重要。

4. 开发校本教材的能力。校本教材是弥补国家和地方教材不足的重要举措，它将成为特色学校和老师素养评价标准的重要内容，因此不满足于使用统编教材，还能自编教材，应该成为每一位老师的追求。

5. 指导学生实践的能力。实践已经进入课程，列入课表，如何指导学生参与实践，已经是所有老师面临的一个新的课题。这就需要老师们在实践中不断探索、总结，以适应学生发展的需要。

6. 评价自己与他人的能力。按照一定的评价标准评价学校集体或老师个人，已经成为促进教育发展的必要举措。如何正确评价自己和客观评价他人就成了老师应该具有的基本素养。

7. 获取和利用信息的能力。作为一名老师，要善于通过多种渠道获得信息，充实自己。同时要经过选择，大胆地把适合于自己和学生实际的信息用于教育实践，这就是创新。不断创新的教育才是充满活力的教育。

8. 利用现代教育技术的能力。各种现代教育技术的问世，是社会发展和进步的重要标志。它形象、直观、省力、省时，是实现教育现代化的重要体现。所有老师都应走近它、利用它，充分发挥它在教育教学中的作用。

9. 与家长合作的能力。与家长合作的目的在于形成合力，促进学生健康成长。因此，要理解学生，了解家长，互相尊重，共同探讨培养学生的科学方法，在配合中互相学习，共同提高。

10. 教育科学研究的能力。一个有远见的校长，必然十分重视教育科学的研究，向科研要质量；一个有远见的老师，必然重视课题研究，通过研究提高自己。因此，具有教育科学研究能力，已经成了现代老师的重要标志。

11. 对学生进行心理健康教育的能力。心理健康是健康的重要组成部分，心理健康教育是学校教育的重要内容，只有重视并有效进行心理健康教育才能取得理想的教育效果。

12. 社会交往能力。开放的社会必须提高人际交往能力，这是构建和谐社会的重要内容。老师与学生的交往，归根到底是人际交往。因此，只有遵循人际交往的规则，才能构建和谐的师生关系。

表扬八法

中小学生以正面教育为主，以表扬为主，这是老师应该遵循的一项基本准则。

中小学生以正面教育为主，以表扬为主，这是老师应该遵循的一项基本准则。

我把老师对学生的表扬归纳为以下八种方法：

1. 大张旗鼓表扬法。表扬要大张旗鼓，人越多越表扬。这样既肯定了被表扬的学生，又为广大学生指明了方向。

2. 适当夸张表扬法。表扬可以适当夸张，本来一般，可以说他很好，目的在于激励自己的学生。

3. 笼统抽象表扬法。对事不对人，肯定这一件事做得对，为学生如何做事把握方向。

4. 利用文字表扬法。给学生写短信、写条子，或在作业本、试卷上利用文字表扬，这比口头表扬更亲切、更有影响力。有时候，一封短信可能影响到学生的一生。

5. 创造条件表扬法。你觉得某个学生需要通过表扬调动积极性，可以为他创造条件，让他参与某项活动，只要参与了就表扬。

6．旧事重提表扬法。表扬不怕重复，为了激励某个同学的积极性，可以把以前表扬过的内容重新予以表扬。

7．借助他人表扬法。把要表扬的学生告诉其他老师和学生，通过他们的嘴去表扬，其作用有时候比直接表扬更大。

8．提前激励表扬法。让学生参与一项活动或去做某一件事情，无论结果如何，开始时就予以表扬。

其实，表扬绝不仅仅只有上述八法。在实践中只要能激发起学生的积极性，都可以归纳为表扬的艺术。

批评八法

批评是教育学生的辅助手段。没有批评和必要的惩罚的教育，是不完整的教育。

批评是教育学生的辅助手段。没有批评和必要的惩罚的教育，是不完整的教育。

表扬要讲究艺术，批评也要讲究艺术。我把老师对学生批评的艺术归纳为以下八种：

1. 一对一批评法。批评学生时，只有你和学生，再无他人。这样做，保护了学生的自尊心，即使你批评得再严厉，学生也会感觉到你是为了他好，会心悦诚服地接受批评。

2. 隔日批评法。就是今天的事情明天批评，或者上午的事情下午批评。缓冲一段时间，双方都在考虑。老师考虑如何批评效果更好，学生考虑错在哪里。双方处于冷静、理智的状态，批评效果才会好。

3. 暗示批评法。一个眼神、一个表情、一个动作传递过去，学生就会意识到老师在批评。

4. 温情批评法。开个玩笑、来个幽默、面带微笑的批评，显得有人情味，很温柔，学生接受起来很舒服。

5. 托人捎话法。把要批评的意思托他要好的同学，或通过其他老师捎过去，转了一下弯，使批评变得温柔，被批评者愿意接受。

6. 说明情况法。错误情节比较严重、必须写出书面检查的，让写说明，说明犯了什么错误，为什么会犯这样的错误，今后如何防止这样的错误。学生愿意写说明而不愿意写检查。

7. 公开提醒法。对事不对人的公开批评，不涉及学生个人，有利于保护学生的自尊心。

8. 以“奖”代“罚”法。表面上是夸奖、是表扬，实际被夸奖的学生知道老师为什么这样做，起到了批评教育的作用。

其实，批评的艺术远远不仅上述八种。实践中，只要既达到了批评教育的目的，又维护了学生的自尊心，就都称得上是批评的艺术。

家访切忌火上浇油

家访不是告状，不是出气，不是推卸责任，更不是借助家长的嘴和手惩罚学生。

家访是老师常做的一项工作，它对于取得家长配合、共同做好学生的工作是非常必要的，也是非常重要的。

小亮今天和同学打架，砸碎了同学的眼镜。前天数学考试不及格，今天又出了这事，小亮既悔恨又懊恼，带着一脸晦气回了家。晚上，班主任来家访了，小亮内心特别紧张，生怕班主任把打架的事告诉父母。他知道，那样将意味着一场战争。不出所料，班主任一见小亮的父母，直截了当捅出了小亮打架的事，还怒气未消地翻腾着前天数学考试不及格的事。小亮低着头，父亲瞪着眼，母亲的表情充满怜悯、担心、气愤，一场暴风雨即将来临。

家访不是告状，不是出气，不是推卸责任，更不是借助家长的嘴和手惩罚学生。家访是沟通和交流，是家校合作的桥梁，是增进师生情谊的催化剂。因此，老师家访时切忌火上浇油，要理智地与家长分析孩子出现问题的原因，找到引导孩子的方法。这样，家访的效果才会更好。

激励是教育智慧的核心

教育智慧或教育艺术的核心是善于激励。实践证明，行之有效的激励主要有：目标激励、情感激励、环境激励、制度激励、榜样激励等。

教育智慧或教育艺术的核心是善于激励。

实践证明，行之有效的激励主要有以下几种：

目标激励。向学生提出努力方向，把大方向又分解为许多阶段性目标，鼓励学生一步一步靠近最终目标。需要注意的是：目标要小，让学生经过努力可以达到；目标要实，让学生看得见、摸得着、做得到；目标要因人而异，不同的学生有不同的目标，不同的目标又都是为了实现共同的目标。

情感激励。老师对学生的关心、呵护、理解、同情、支持、友善等发自内心的真情实感，学生会看在眼里，藏在心底，并且会转化成一种力量，这种力量就是“学习力”。中小学生喜欢某一门学科，首先是从喜欢某一个老师开始的。“感人心者，莫先乎情”。情感是师生之间的纽带，只有“亲其师”，才能“信其道”。

环境激励。除了硬件外，从学校到班级甚至到学习小组，都要为学生营造一个良好的成长环境。学生与学生、学生与老师之间要形成和谐的人际环境，团结友爱、相互支持。这样的环境既有教育功能，又有激励功能。

制度激励。规章制度、法律、纪律从来都是保护多数人，制约少数人的。严格执行各项规章制度，就是激励多数学生健康成长。

榜样激励。榜样的力量是无穷的。除了学生榜样外，老师在各个方面都要成为学生的榜样。要求学生做到的，自己首先做到；要求学生不做的，自己首先不做。只有这样，老师说话才有人听，做事才有人跟。

为“大姐姐老师”叫好

老师的威信是教育效果的基础。

老师的威信来自对学生的理解、关爱和真诚。

一位中等师范学校毕业刚参加工作的老师，第一次和学生见面是这样说的：“我今年 18 岁，是新老师。你们今年 7 岁，是新学生。我比你们大 11 岁，可以叫我大姐姐，也可以叫我大姐姐老师。”同学们听了，新鲜、惊奇、兴奋，放学后，便告诉家长和邻里，他们有一位“大姐姐老师”。于是，我便知道有一位“大姐姐老师”。

我为“大姐姐老师”拍手叫好，它标志着陈旧的师生关系在破裂，新型的师生关系在诞生。

按理说，老师与学生应该是平等的。但是长期以来却处于不平等状态。由此引发的老师训斥、讽刺、挖苦、体罚或变相体罚学生的现象屡见不鲜。而人们呢？有的司空见惯，习以为常；有的暗里心疼，敢怒而不敢言，这又进一步助长了不平等现象的恶性膨胀。不平等现象的长期存在，直接受害的是学生。他们有的受到伤害后，心理扭曲变形，和老师处于对立状态；有的受到伤害后，自信心由强变弱，以致完全失去上进心；有的受到伤害后，产生了严重的逆反心理，干脆破罐子破摔。本应平等的师生关系出现不平等后，必然造成教育的变形走样，这是一部分老师不能取得理想教育效果的重要原因之一。

“师道尊严”关键在“道”。人们敬仰和尊重的是老师高尚的思想情操、渊博的学术知识、科学的育人方法和乐于奉献的献身精神。如果具有上述这些“道”，即使不宣传、不张扬，人们也会发自内心地尊重老师，学生也会心悦诚服地听从老师教诲。如果不在“道”上提高自身，单凭老师的身份“以师压人”“以师吓人”，家长不认账，学生也不会佩服。

老师威信是教育效果的基础。一旦当了老师，这一身份本身就是一种威信。否则，学生可以不听其他成年人的话，为什么必须听老师的话呢？仔细分析，这种威信是外来的，如果不当老师了，那么这种威信就要大打折扣。但是，老师的威信不是靠冷淡的威严，不是靠简单的训斥，更不是靠粗暴的惩罚与打骂，而是靠老师对学生的理解、同情、关爱和真诚，靠老师的人品、学识和方法。这才是真正的威信，永远的威信。

我不同意学生称老师为“大姐姐”“大哥哥”，也不完全同意称老师为“大姐姐老师”“大哥哥老师”，但为什么又为“大姐姐老师”拍手叫好呢？我是为这一时代观念和现代意识叫好，这是一种了不起的勇敢精神，是教育希望之所在。

让我们抛弃陈旧的师生观念，建立民主、平等、自由、和谐的师生关系，用师生两个方面的力量，共铸伟大、光辉的教育大厦！

敢于自责

敢于自责，失去的是虚假，得到的是尊严。

我当院长时，一天下午三时许，卫生防疫部门突然来检查食堂卫生。一进门，见十几片猪肉横七竖八地堆在地上，检查人员二话没说，掏出收据就写：罚款500元。

总务处长找我汇报情况，我听了猪肉为什么没有及时存入冷库的原因后，知道这完全是责任心不强造成的。于是，当即表态：该罚。怎么罚？我是院长，负有领导责任，罚款100元；两位处长也有领导责任，各罚款100元；膳食科长负有直接领导责任，罚款100元；食堂承包人员有直接责任，罚款100元。晚上食堂全体炊管人员讨论时，一致不同意我的意见。他们说：猪肉没有及时存入冷库，完全是我们的责任，根本和处长、院长沾不上边儿，这款应该罚我们。多么好的群众！这种精神应该保护。罚款的事还是按我的意见办了。从此以后，炊管人员尽心尽力，再没有发生过类似现象。

这件事已经过去了几十年，我在今天想起来仍然激动不已。它告诉了我们一个朴素的道理：作为一个单位的领导人，越是能严格要求自己，越是敢承担责任，下属的责任心就越强；倘若出了问题遮遮掩掩，文过饰非，下属必然远离领导，不负责任。

由此我想到了老师。在学生眼里，老师是神圣的，既是他们学习知识的引路人，又是他们如何做人的引路人。老师是学生效法的榜样。

在处理学生中出现的问题上，老师难免有以偏概全的差错。比如有的学生没有按时完成作业，或者偶然失控吵嘴打架，或者逃避批评说了谎话，或者因特殊原因迟到，等等，虽然都是不应该的，但是它总有一定的原因。如果该解释的不解释，该理解的不理解，只是劈头盖脸地训斥一顿了事，学生是不服气的，批评效果自然也不会理想。

学生或班级工作中出了问题，如果老师敢于严格要求自己，勇于自我批评，主动承担责任，那么换来的将是学生对老师的崇敬，是学生对自己、对班级的负责精神。

敢于自责，失去的是虚假，得到的是尊严。

我是这样对待考试作弊的

要让学生知道，考试不及格可以补考，但做人不诚实是要付出很大代价的。比考试更重要的是做人，比分数更重要的是人品。

我任山西省教育学院院长时，虽然也有严格的考试纪律，但作弊现象屡禁不止。经过座谈讨论，决定实行以下办法：考试不及格，允许补考，一次、两次、三次都可以。如果作弊，根据情节予以处分，直至取消学籍。实行新办法后，考试纪律大有好转。

考试不及格是一种正常现象。因为学生的基础不同，理解和接受能力不同，心理素质也存在着明显差别。即使情况相同和相近，也有偶然失误的可能，正如打仗一样，不可能有常胜将军。

考试作弊是在没有退路情况下的一种侥幸冒险行为。分析其原因，学生都知道不应该作弊，但是在回答不出问题而又想取得好成绩的矛盾心态下，便采取了不正当的做法。

教育学院的学生是在职的老师，所以实行了以上办法。目的是让各位在进修的老师知道：考试的目的是检验自己对知识的掌握程度和运用能力。老师是凭“本事”工作的，不能靠作弊。如果老师作弊了，怎么去为人师表？

中小学校和教育学院不一样，但应该如何对待考试作弊的问题是相同的。老师和家长要平静地对待考试分数，既不要忽视它，也不要把它看得过重。尤其当学生失误时，要多一份热情与鼓励，切不可训斥、加压甚至惩罚。老师要把遵守考试纪律作为如何做人的教育实践，让学生懂得诚实做人体现在各个方面，同样体现在考试上。考试不及格可以补考，但做人如果不诚实是要付出很大代价的。

比考试更重要的是做人，比分数更重要的是人品。老师要正确、艺术地对待和处理考试作弊现象，让学生在道德品质、科学知识等方面都获得丰收。

严而有格

学生是人，他们有他们的人格尊严。尊重学生，换来的是成功；伤害学生，得到的是失败。

我上高小时，学校实行住宿制。三十多个学生挤在一个狭窄的土炕上，因为拥挤，同学之间常常发生争吵。一天午休，我和相邻的同学正在因为相互挤占炕位而发生争执，班主任老师发现了。他面色铁青地揪着我和那个同学的耳朵，把我放在厕所旁，把另一个同学放在猪圈旁罚站。骄阳似火，臭气熏天，我们俩被罚站一个多小时，直到上课铃响了，才被“解放”。

这件事对我影响很大。班主任老师铁青得可怕的面孔经常浮现在我眼前，一上厕所便想起太阳下罚站的情景。虽然睡觉时再不敢因拥挤而争吵了，但每逢这位老师上课或他组织集体活动时，我“看到”的总是那副铁青的脸，想到的总是罚站的事，心里总是带着恐惧、不满与偏见。就这样，这位老师的课我虽然应付下来了，但是没有学好，基础很糟。

我不知道和我同时被罚站的那个同学当时的具体想法，但可以肯定和我大同小异。因为孩子总是孩子，孩子们的心理总是有着共同特征的。

随着年龄的增长，特别是大学毕业后我也加入教育工作者的行列后，理解了这位老师当时的良苦用心——他是为我，也是为了别的同学。但是毕竟晚了，因为在我不成熟的幼小心灵里已经留下了一块小小的伤疤。

由此我经常思索，中小学生在成长的过程中，总是出现这样那样的过失，有的是有意的，大多时候则是无意的。如何对待学生的过失和有过失的学生，这是所有老师经常遇到的一个问题。成功的老师各有各的处理艺术，但共同的、符合规律的，是发自内心对学生的关怀，充分尊重学生的人格。

学生也有他们的人格尊严，尤其在伙伴面前，他们的人格尊严表现得十分强烈。因此，当学生的过失属于无意识、并不涉及人的品格、是少年天性的自然表露时，老师就不必去理会。当学生的过失属于有意识的，不教育将影响其人格品质时，老师的批评、帮助甚至处分，除一定要严而有格外，还必须尊重学生的人格，使学生体会到老师的关心，心悦诚服地接受老师的教育。

不要在父母面前批评学生

“表扬时要当众，批评时要个别。”大凡受学生尊重的老师无一不是遵循了这一规律。

这是多年前的事了。

一天，儿子对我说：“班主任让你下午到学校去，有事和你商量。”我如约到了学校。班主任对着我和孩子，开门见山地说：“你儿子上课走神，作业不能按时完成，学习成绩不断下跌，最好换个环境，转到别的学校去。”当着孩子的面我能说什么呢？只好说了些含糊其词的话。

我没有批评孩子，也没有为其转学。只是对孩子说：“班主任老师完全出于好意，希望你能比现在更有长进，相信你会理解的。”孩子默不作声。

从此以后，我发现儿子变了。不再提及班主任，也不再谈论班主任老师组织的活动。可以看出，他对班主任老师有了成见。夹在老师与父母中间，只好少说为佳。

学生都有很强的自尊心。尤其在他们熟悉和尊重的人面前，这种自尊心显得更强烈。他们把老师的肯定看作是一种精神需要，一种上进的动力。老师要了解、研究和满足这一心理，千万不能因为一时的不慎而在学生纯真的心田里留下阴影。

“表扬时要当众，批评时要个别。”这是深刻理解学生心理而得出的经验总结。大凡成就显著、受学生尊重的老师，无一不是遵循了这一规律。我们经常说要发现学生的闪光点。作为一个老师，应该感到每一个学生都有可爱的地方，真心实意地去发现它、保护它、壮大它。这是一个优秀老师的本能，是爱心的体现。什么时候好就什么时候表扬，哪一点好就表扬哪一点。在老师爱心的温暖下，学生的成长才不会出现畸形。

师生之间作为一种客观存在的社会关系，也是存在矛盾的。矛盾的实质，是老师希望学生进步而学生还处在成长阶段；学生希望老师的方法是完善的而任何一个老师都不可能做到十全十美。解决矛盾的唯一办法就是老师要摆正自己与学生的位置关系，充分认识到正是由于学生需要教育，老师才有存在的必要。因此，老师在学生面前，尤其是在一时有过失和暂时落后的学生面前，一定要清醒。诚恳、热情地对待每一个学生，这是老师应该具有的基本职业道德。

如何与学生谈话

只要老师敞开的是真诚的心扉，学生就一定敢于说真话，报之以真诚。

我们经常遇到这样的情况：当学生在学习或行为上出现某些失误时，有的老师怒不可遏，或者当着同学的面，或者把学生带到办公室，不由学生分说，风风火火地训斥一顿了事。老师这种负责精神是值得肯定的。如果再讲究一些方法，效果会更好。

我不想把中小学生中所出现的问题一律叫作错误，因而用了“失误”一词。因为他们正处于成长阶段，认识事物的能力还需要在老师的引导下提高，控制自己的能力还需要在实践中锻炼。成年人还经常出现失误，何况中小学生呢？对成年人的失误可以谅解，那么对中小学生的失误为什么就不可以谅解呢？谅解并不等于不负责任，不去帮助有失误的学生。恰恰相反，只有谅解，才能使自己保持一种平静的心态，从而更有效地帮助学生认识失误，减少失误。我曾经看到有位校长的办公室挂了一个条幅，上书“制怒”二字，大概是告诫自己遇事要冷静、要理智。在对待学生时，老师也应该如此。

老师与学生个别谈话，是课堂搬家，像课堂教学一样，不能搞“一言堂”，不能靠“满堂灌”的“注入式”，更不能因为只有师生二人而不注意方法。须知道，此种情况下学生是怀着既恐惧又憧憬的心情的。说恐惧，是因为害怕老师的严厉批评，尤其怕老师的讽刺、挖苦甚至体罚；说憧憬，是学生对老师抱有希望，希望老师能热情诚恳，和蔼亲切。因此，老师要让学生说话，听听他们的想法和看法。不让学生说话，训斥一顿了事的做法，是达不到预期效果的。

与学生谈话是为了帮助学生提高认识，减少失误，而不是为了出气。只要老师敞开的是真诚的心扉，学生就一定敢于说真话，报之以真诚。

要一副脸不要两副脸

老师的威信归根到底是来自老师的人格，而不是冷漠威严的面孔。

有的老师与家人、同事、朋友或者不是他的学生的孩子们在一起的时候，有说有笑，可是一旦面对自己的学生，原来的脸便变得冷漠威严。学生戏说老师的脸经常是“晴转多云”。

本来是一副脸，为何变成了两副脸？有的老师认为师生有别，在学生面前，应该有老师的威严，随便了，怕降低自己的威信。

其实这是一种很肤浅的看法。老师的威信归根到底是来自老师的人格，而不是老师的面部表情。试想，如果一个老师思想狭隘、语言粗鲁，即使他的脸表现得再威严，学生也不会从心里佩服。而一个道德高尚的老师即使像学生一样天真活泼，学生也会从心里敬佩他。所以，老师的威信来自老师的思想情操、道德行为、学识水平和教育艺术，应该在这些深层次上加强个人修养。如果企图用冷漠的脸、吓人的话去制服学生，没有不失败的。

中小学生天真、幼稚、单纯，想问题并不像成年人那样复杂。在他们心里，老师也应该像他们一样无忧无虑，天真烂漫。如果在他们面前故作威严，甚至以“师”压人，使他们犹如一朵小花遭到烈日暴晒，对他们的健康成长是不利的。人都具有童心，即使进入老年，也是童心未泯。老师在学生面前焕发童心、重现童形，既是正常的，也是沟通师生情感的桥梁，还是教育的需要。为学生的进步而高兴，为学生的失误而忧虑，热心、诚恳、温和、耐心地对待学生，应该是每位老师的基本涵养。

童心无欺，童心无邪。愿我们的每一位老师都具有童心，这也是教育的需要。

脸是反映心的。面部表情是思想意识的外在表现。爱每一个学生，关心学生的每一个方面，在学生面前必然是一副脸。

“抱着走” 不如 “引着走”

老师对学生的教育也应像父母教孩子学走路那样，要引着学生走，不要抱着学生走。

1992 年，我在英国的一个火车站的候车室遇到如下场面：一位年轻的母亲在前面走，刚学会走路的孩子摇摇晃晃地跟随其后。突然，孩子摔倒了，母亲停下来，做了个手势，示意孩子站起来。小孩起来后，年轻母亲既没有亲抚，也没有责怪，继续像刚才那样往前走。

我国著名幼儿教育家陈鹤琴曾细心观察他的孙子从一岁到六岁的情况，其中有一段关于走路的记述很是深刻：他摔倒后，并不马上站起来，而是把小头抬起来，前后左右看看有没有人。如果没有人，他便站起来，并且知道用小手拍打拍打身上的尘土。如果有人，但他不认识，他也会自己站起来。如果发现有认识的人，他不仅不起来，而且开始哭，直至被抱起来。由这两件事，我想到我们的学校教育。

在学校，老师“抱着学生走”的现象还是普遍存在的，突出的表现是课堂教学中的“满堂灌”与“注入式”。老师的心是好的，倾其所有，总想把自己准备好的知识全部教给学生。但是因为没有调动学生积极参与，只有一个方面的积极性，所以往往收不到良好的效果。

这一现象长期得不到克服的主要原因，归根到底是教育观念，是老师如何理解教学活动中自己和学生各自的角色。老师认为自己讲了学生就应该懂了，等于把自己当成了学生，扮演了学生的角色。本来应该有两个方面的积极性，而如今只有一个方面的积极性，没有形成合力，自然力量不够大。

小孩学走路，归根到底得小孩自己去实践，摔倒了爬起来再学，直至学会。如果父母不放手，一直抱在怀里，那他是永远学不会走路的。老师对学生也是这样，要引着学生走，不要抱着学生走。

让学生体验成功

让学生表现自己，就是体验成功的喜悦。体验的次数越多，自信心就越强。

一位老师向我讲述了他做班主任的经验。

他的经验集中到一点，就是让每一个学生都体验成功的喜悦。

他把学生分为三种不同类型。一种是性格外向，任何情况下都乐于表现自己；一种是性格内向，不愿在大庭广众之下表现自己；还有一种是介于二者之间的，在老师要求和自己感到有把握的情况下，他们也乐于表现自己。他特别强调，无论对哪一类学生，老师都要给他们表现的机会，让他们体验成功的喜悦，在喜悦中树立自信，在喜悦中得到锻炼。

为了做到这一点，他为学生创造了许多条件，诸如课堂提问、作业批改、班会发言、各种集体活动等。只要学生参与了、表现了，他都要热情地、不同程度地给予肯定。

中小学生都有表现自己的强烈愿望，尤其在老师、家长和同伴面前，他们更是跃跃欲试，争先恐后。这是他们好胜心强的表现，是他们天真、好奇、向上的天性的表现。作为老师，一定要认识和研究这一心理，满足学生的心理要求。

我们经常说要调动学生的积极性，要尊重学生的主体地位。那么，为学生提供机会，让学生表现自己，使学生体验成功的喜悦，就是在引导学生主动、活泼地发展。

让学生体验成功的喜悦，体验得越多，自信心就越强；体验得不多，自信心就不足；没有体验过成功喜悦的学生，将会在成长的路上留下终身遗憾。

鼓励学生大胆说话

要说话是自尊的表现，敢说话是自信的表现，能说话是自强的表现。自尊、自信、自强要从说话开始培养。

要让学生说话是一种观念，敢让学生说话是一种勇气，能让学生说话是一种艺术。每个老师都应有这种观念、勇气和艺术。

我国中学生参加世界各学科奥林匹克竞赛，多次捧回耀眼的奖章，应该承认，这是我们注重基础知识教学的必然结果。高兴之余，冷静思考，我们还有不足。一位曾经带队参加国际中学生奥林匹克竞赛的老师就感叹说："到了国外，中国学生在会议交流、自由发言时，大都低着头，沉默不语；勉强发言，也是吞吞吐吐，胆怯畏缩，缺少西方学生的自信和活泼。只有当拿到试卷看到试题时，我们的孩子两眼才放出亮光。"

孩子们天性纯朴，很少顾虑，又喜欢表现自己，本来是爱说话、敢说话的。为什么上了学以后慢慢变得说话少，甚至不敢说话了呢？原因并不出在学生身上，而在老师和家长方面。一是没有时间说话。在学校，上课时老师占用时间过多，没有时间说话；自习时，又不准说话。回到家，又有繁重的家庭作业。父母与孩子交流，说不了几句，便是学习、作业、分数，等等，孩子们往往心烦得不愿意说话。二是不能平等说话。说对了，很少得到老师和家长的赞扬；说错了，轻则还以冷眼，不予理睬，重则批评，甚至讽刺、挖苦。既然说话，就可能有时说错了，谁都有这种情况，这本来是一种正常现象。但是学生说错了，很少得到耐心的引导和纠正，多数得到的是简单的训斥和伤害性的讥讽。多次的不平等，挫伤了学生的积极性，于是便干脆少说为妙了。三是缺乏说话材料。按说现在是信息社会，媒体很多，传播迅速，学生应该有说话的材料。但是学业负担过重，没有时间去获取。即使通过电脑、广播、电视、报刊获得了，又没有交流的场所与机会。缺乏实践，包括在实践中获取说话材料，在实践中运用获取的材料，所以作文、发言内容空洞，而且雷同很多。

一个偶然的机会，我遇到十多个学生在一起聊天，他们并不顾忌我这个陌生人，天南地北、海阔天空地聊着，好不热闹。由此改变了我的看法，学生并不是不爱说话，也不是不敢说话，而是没有平等的气氛和说话的机会。

因此，在许多因素中，老师和家长以朋友的身份、用和蔼的态度与学生交流，是让学生大胆说话的主要因素。一位老师说得好："让学生大胆说话，就是尊重学生的人格，是在扶植一棵心灵自信之树。而自信是成人、成才的基础，千万马虎不得，更不能伤害它。"他为学生说话创造各种机会，除课堂提问照顾到所有同学外，还经常举办信息发布会、读书谈心会、辩论会、朗诵会、影视漫谈等。在学生发言时，他总是全神贯注，耐心倾听，不打断，不插话。说得好的，他总要给以热情赞扬，即使说错了，他也要从中找出应该肯定的给予表扬，然后再引导纠正错了的。这位老师受到学生的普遍尊重，如今虽然退休在家，但经常收到来自全国各地所教学生热情洋溢的祝福，逢年过节，许多老学生常常结伴看望，老人在平淡中显得自得、在平凡中显得超脱。

不要小看学生说话。要说话是自尊的表现，敢说话是自信的表现，能说话是自强的表现。自尊、自信、自强要从说话开始培养。

要让学生说话是一种观念，敢让学生说话是一种勇气，能让学生说话是一种艺术，每个老师都应具备这种观念、勇气和艺术。

不说过头话、赌气话

过头话、赌气话是激动情绪的一种宣泄。说过头话、赌气话得不到心理上的安慰与平衡，是无能的表现。

一个学生因为违反有关规定，班主任罚他扫地。回家后，他把满肚委屈说给爷爷听。

第二天，爷爷找到校长反映情况。作为校长，既要热情接待家长，又要维护老师的权益，答应家长问明情况后妥善解决。

原来，这个同学多次乱扔纸屑，班主任老师觉得应该尊重大家的劳动成果，为了达到教育的目的，于是罚这个同学扫了地。问明情况后，校长肯定了班主任老师的负责精神，同时也指出此种做法不可取，因为劳动是高尚的、光荣的，如果学生有了过失就罚他们劳动，可能产生一种错觉，似乎劳动是一种惩罚手段，有错误的人才劳动，对于正在成长的学生来说是一个误导。

这位班主任老师并没有认识到自己的做法欠妥，也没有认识到校长的良苦用心，第二天上课时指着被罚扫地的同学说："你有本事，可以让你爷爷来告状。我管不了你，今后可以不管你，你也可以转到别的学校去。”

这位老师说了过头话、赌气话。

人在过分激动的时候最容易说过头话、赌气话，其实质是对激动情绪的一种宣泄，是想得到心理上的安慰与平衡。按理说，谁也不应该说过头话、赌气话，因为这种宣泄所得到的安慰与平衡是暂时的。特别是老师，更不能在学生面前说过头话、赌气话，因为学生天真、幼稚、单纯，还不太懂事，他们会误认为老师的过头话、赌气话是真心话、实在话，时间长了会拉大师生之间的距离，伤害师生之间的感情，这对教育学生是十分不利的。同时，老师在学生面前说过头话、赌气话，是无能的表现，说了又做不到，时间长了，这样的老师就会失去威信。而缺少甚至没有威信的老师，其教育效果是不会理想的。

切记，老师在学生面前千万不要说过头话、赌气话。

表扬可以适度夸张

表扬是一门艺术，我们应该去研究、去实践。

我在美国的诺福克市一所中学听过一节课。当一个学生回答了老师的提问后，这位老师非常热情地肯定说："谢谢你，你用一个历史的观点，回答了一个文学方面的问题，这是一个伟大的创举。"下课后，这位老师特意留住那位学生，邀请我一起与他合影留念，并将这位学生一张美术课的练习画赠送给我做纪念。合影时，我发现，这位学生腿部有残疾。我高兴地接受了这位学生的"礼品"后，这位老师也以同样的热情对我说："谢谢你，你的热情对他将是一个伟大的帮助。"

我心想：这位老师为什么如此钟爱"伟大"一词呢？那位学生的回答也许不一定是伟大的创举，我和那位学生合个影也谈不上是伟大的帮助，但是这位老师居然这样说了，而且说得那样动情、诚恳。

经过琢磨，我悟出一个道理：这位老师对这位学生采取夸张的表扬，是为了更有效地维护他的自尊心，激发他的自信心，尤其是对生理上有缺陷的孩子，更应如此。老师对学生的肯定与表扬可以适度地夸张。因为它不是一项科研成果的鉴定，也不是先进模范的评比，谁也不会因为老师的表扬适度夸张了，而批评老师不实事求是。

适度夸张的表扬与不痛不痒的表扬，效果是不一样的。前者的激励作用大，维持的时间长；后者的激励作用小，维持的时间短。学生一旦受到老师热情、诚恳而又适度夸张的表扬，将对他的一生起到激励作用。

联想到我们一些老师对学生的表扬，显得平淡无力，对学生没有震撼作用。批评是一门艺术，我们应该去研究；表扬也是一门艺术，我们更应该去研究、去实践。

当然，老师对学生适度夸张的表扬，要因人、因事、因时而异。如果不看对象，不分事件，不管时间，都采用夸张的表扬，也就起不到夸张表扬的作用了。

中小学生好胜心强，自尊心强，富于幻想。让我们的学生在老师的表扬声中健康快乐地成长，胜利地到达理想的彼岸吧。

给有过失的学生搭个“梯子”

自尊心是人类可贵的精神财富。这种财富越多，人的上进心越强。

山西通宝育杰学校詹文龄校长向我讲述过她当老师时亲身经历的一件事：

一次收学费时，发现一个学生悄悄拿走了她放在一旁的三元钱。她看到了是谁，但没有声张。上课时，她说是她粗心多找了一位学生三元钱，希望这位学生把多找的钱还给她。一天过去了，没有动静。晚上，她翻来覆去不能入睡，三元钱不算太多，但是性质非同小可，如不及时教育后果是不堪设想的。第二天，她悄悄把这个学生叫到办公室，开门见山地说：“钱是多找给你了，你说是不是?”这位学生看着老师温和而又带着几分严峻的面容，低着头红着脸说：“是的。”并且把三元钱交给了老师。

詹校长说，当时她并没有强调钱是学生悄悄拿走的，更没有说钱是学生“偷走的”。学生也没有声明钱不是老师多找的，而是自己悄悄拿走的。

这个学生小学毕业升了中学，又念了中专，一直到参加工作后，逢年过节，总是要看望他的詹老师。詹校长巧妙处理“三元钱”这件事，必将影响这个学生的终身，这个学生也必将终身感激詹老师。

这是非常高明的教育艺术。老师既没有因为三元钱这件小事而姑息迁就学生，也没有因为教育学生而伤害了学生的自尊心。学生既没有“顶牛”，也没有因为交回了三元钱而怨恨老师。学生低下的头、涨红的脸说明他对过失的悔悟。师生之间就是这样心照不宣，谁也没有捅破中间像片薄纸似的“矛盾”。老师达到了目的——教育学生；学生受到了教育——悔悟过失。

自尊心是人类可贵的精神财富。这种财富越多，人的上进心越强。中小学生同样有着强烈的自尊心，作为老师，要千方百计保护、强化学生的自尊心。特别是批评、帮助那些有过失行为的学生时，更应该头脑冷静、讲究艺术。其中有一点最重要，那就是批评学生要个别进行，要给学生留有面子，搭个“梯子”，在老师的启发引导下，让学生发自内心地自己教育自己。

一位班主任的故事

一个好厂长可以扭转一个企业，为社会创造出巨大的财富。一个好的班主任可以扭转一个班，为社会培养出创造财富的人才。

我认识的一位老师向我讲述了她带一个特殊班的故事。

有一段时间，学校按学生的考试成绩分班。分数高的编入“快班”，分数低的编入“慢班”。渐渐地，有人把“快班”叫成了“好班”，把“慢班”叫成了“差班”。我认识的这位老师带的是一个“慢班”。

第一次和同学们见面，她是这样做的开场白：“根据学校的安排，我做咱们班的班主任（请注意，她用的是咱们而不是你们，师生亲情全在这‘咱们’之中）。学校是如何分班的，你们也清楚，说白了，我们班底子比较薄。但是这并不可怕，可怕的是没有信心。钢是由铁炼成的，谁敢说铁不是材料？铁不珍贵？只要我们充满信心，每一个同学都可以百炼成钢。”一阵热烈的掌声过后，几十双眼睛迸射出诚恳的企盼。

接着，她布置了第一项任务：“学校规定，新生入学半个月后，要进行广播体操比赛，我们班有没有信心夺得第一名?”同学们异口同声地喊道：“有!”于是，她利用课余时间领着同学们练习，一遍一遍，一丝不苟。果然，比赛那天，他们班得了第一名。

新组建的集体里，第一次有了象征着荣誉的红旗，无疑对每一个同学都是巨大的激励，五十多颗心聚集在这面优胜小红旗上，这个班集体有了第一层坚实的钢筋水泥基础。

“良好的开端是成功的一半。”在班主任老师的带领下，这个班又在卫生、劳动、体育等方面取得了好几个第一名。她没有满足，没有止步。她知道带领同学们攻克学习堡垒是最大的难关。于是在已有的基础上，她和同学们奋斗在一起，激励同学们决不在学习上掉队。集体凝聚力是一种无形的动力。每个同学都怕因为自己的掉队而损害了集体的荣誉。于是，这个班又多了刻苦向上、你追我赶的风气。

“一分耕耘，一分收获。”第三年总评，在同年级八个班中，她所带的班级排名由原来的第八跃居到第三。

一个好厂长可以扭转一个企业，为社会创造出巨大的财富。同样，一个好班主任可以扭转一个班级，为社会培养出创造财富的人才。

如何处理偶发事件

能否妥善处理偶发事件，是衡量老师修养的一个重要标志。从经常遇到的一些偶发事情上做起，在实践中提高自己的修养。

考察特级教师时，我听了不少老师的课，其中一位老师的课给我留下了深刻的印象，是他对偶发事件的处理。

上课了，同学们坐好后，这位老师把课前准备好的图表挂在墙上。一转身，挂图哗啦掉在地上。本来已经进入上课状态的课堂秩序乱了，同学们探头探脑，窃窃私语。这位老师神态自若地拿起挂图，重新挂在墙上，然后平静地说："不是挂图要下来，是老师没有挂好，老师也有失误的时候。有失误，改了就好。好了，现在我们上课。"短短几句话，显得是那样从容、自然，而且富有哲理，既敢于承认老师有失误，又说明有失误改了就好；既使学生在不知不觉中保持了安静，又使学生从中受到了教育。我发现，此时的课堂气氛显得是那样宁静、祥和。

课上课下，老师经常会遇到一些偶发事件。虽然事件有大有小，但处理不好将会造成不良的负面效应。所以，妥善处理偶发事件，无论对老师还是对学生都是十分重要的。

偶发事件主要来自两个方面。一是老师，比如说错话了，做错事了，实验、演示失败了，等等；二是学生，比如上课迟到、睡觉、说话、搞小动作、回答不出老师的提问，与老师谈话时出现“顶牛”，等等。一般情况下，来自老师方面的偶发事件，绝大多数老师是可以妥善解决的，问题往往出在来自学生方面的偶发事件上。

如何处理偶发事件呢？首先，老师遇到偶发事件时要冷静、理智，绝不能头脑发热，随意训斥学生。要理解，学生总归是学生，他们天性好动，控制自己的能力差，出现一些不应该出现的现象并不奇怪。作为老师要善于理解，要有宽容精神，有了平静的心，才能稳妥地处理偶发事件。其次，老师要讲究处理偶发事件的艺术性，比如一个眼神，一个动作，一个表情，一句幽默的话，甚至短时间的沉默，不仅可以扭转局面、化解矛盾，而且可以使学生体验到老师的幽默、和蔼，从中受到教育，缩小师生距离，提升师生情感。

能否妥善处理偶发事件，是衡量老师修养的一个重要标志。我们应该从这些经常遇到的事情上做起，全面提高自己的修养。

睁一只眼，闭一只眼

对于学生的“小毛病”要宽容，不必管得太多太死。

对于涉及思想、品行的要睁大眼睛，决不含糊。

睁一只眼，闭一只眼，并非就是没有立场，或者不坚持原则。在家庭生活和对待学生上，睁一只眼，闭一只眼不仅是需要的，而且是一种艺术。

我上中学时，班主任是一位五十多岁的语文老师。平时，他总是面带笑容，和蔼慈祥，好像看不到我们有什么毛病。很少见他板起面孔训斥学生。可是，有一次他真的生气了，脸色铁青，两眼射出吓人的目光。原因是我们班一个同学丢失了一条秋裤。他不能容忍这种事发生在他的班级里，出现在他的学生中，所以才表现出很难一见的盛怒。同学们安静后，他低沉而有力地说：“同学之间相互拿错东西是难免的。哪位同学错拿了另一位同学的秋裤，请在今天能够送给他，纠正过来。你们是我的学生，也是我的朋友。我相信我的朋友一定能够做到这一点。”说完后，目光还是那样炯炯有神，亲切、自信、威严，各种情感交织在一起。第二天，那位同学的秋裤果然回到了他原来放的地方。班主任老师没有再追查是哪位同学错拿的，一直到现在，我们也不知道是哪位同学错拿的。

四十多年过去了，每当忆及此事，班主任老师那种高超的工作艺术实在让人折服。他对同学们的“小毛病”非常宽容，决不计较，而对涉及思想、品行方面的，哪怕事情再小，他的眼也睁得很大，从不放过。他讲话非常有艺术，很有感染力。像上面那样，短短几句话，就接连用了“拿错”“错拿”“纠正”“朋友”等。应该说这不是推敲出来的，而是他关爱学生真情实感的自然显现。

中小学生天性活泼，喜欢打闹，自控能力差，免不了做出一些在成年人看来是“错误”，而在他们看来很正常的事。对这些要理解、要宽容，不必斤斤计较。中小学生正处在认识世界的重要阶段，对于做什么样的人，如何做人这些根本性的问题，老师决不能含糊，应该把眼睛睁得大大的，关注学生的成长。

“罚” 的启示

作为老师，要理解学生，在觉得可气的同时更要觉得学生可爱。

惩罚不是手段，而是目的。罚要有鼓励，要维护学生的自尊心理。这样，学生就有了认识和改正过失的内在动力。

在1997年的德育研讨会上，一位老师的发言引起了大家的极大关注。特别是她对学生的“罚”的艺术，使参加会议的老师们受到很大启发。

她介绍说，对于学生中出现的各种问题，要抱着一颗平静的心去对待，既不能漠然处之，也不可操之过急。中小学生中出现的各种问题，是他们自然天性的表现，绝大多数通过老师引导、自我教育可以克服。如果一见学生行为上有失误就火冒三丈，不顾环境，不看对象，风风火火把学生训斥一顿，是收不到良好效果的。她的做法是对于学生中的一般过失，如迟到、上课随意说话、不能按时完成作业、吵嘴打架以及偶然损坏公物等现象，采取罚的办法，有的罚唱一支歌，有的罚讲一个故事，有的罚报告一条国内或国外新闻。根据情况，对于有的学生还要大力表扬，并发动学生鼓掌以示肯定。她说这叫点到为止，让学生自己去领会、去省悟、去改正。

这位老师的做法是有道理的。首先，中小学生中出现的各种过失是无意的，是他们天真、活泼、单纯、幼稚、好奇、爱动以及自控能力较差和情绪容易波动等天性的自然表现。作为老师，要理解学生，在可气的同时更要觉得学生可爱。只有这样，才能冷静、理智、巧妙地帮助学生认识和改正失误。其次，这位老师采取的办法学生是可以接受的。虽然这也是一种惩罚，但它带有明显的鼓励意图，学生会理解老师是出于好心，既指出了自己的过失，又维护了自己的自尊心，没有了抵触情绪，认识和改正过失就有了内在动力。

据反映，目前中小学生被罚的现象还不少，罚站立、罚劳动、罚迟回家、罚写检查、罚一个字或一道题做十几遍或几十遍、罚把家长叫到学校来，等等。应该说老师这样做心是好的，但效果普遍不好。为什么？因为这些方法带有强制性和歧视性，学生从内心不接受。

我想，我们是可以从这位老师“罚”的艺术里受到一些启示的。

她是如何控制情绪的

把学生当作朋友，是朋友就要平等；把学生当作孩子，是孩子就要关爱。

有时候，恨是爱的另一种表现形式，老师应用爱的方式去表达。

人在情绪不好时，往往说一些不应说的话，做一些不应做的事，所以才有了“闹情绪”“情绪不好”“情绪低落”等说法。人在情绪好时，既精神振奋又通情达理。所以，又有“情绪高涨”“情绪振奋”“群情激昂”等说法。

许多老师都有“闹情绪”的时候。情绪一来，火冒三丈，对自己的学生说了不应该说的话，做了不应该做的事。过后，冷静下来思考，多数觉得很是后悔，但遗憾的是，事情已经发生了。

如何控制自己的不良情绪呢？曹老师的体会与做法对我们很有启发。

曹老师是全国优秀教师，从教三十多年，当过八个班的班主任。她的学生一说起曹老师，个个显得一往情深，人人发自内心地敬仰。该批评的她批评过，该发火时她发过火。但是，从来没有学生和她“顶牛”，也没有学生埋怨她、憎恨她，师生关系总是那么祥和、融洽、亲切。说到原因，曹老师说：“我把学生当作朋友，是朋友就要平等；我把学生当作孩子，是孩子就要关爱。有时候一些学生的言行确实让你生气，常常发出怒其不争、恨其不才的感慨。可是冷静想想，自己面对的不是学生吗？这种恨不是爱的另一种表现形式吗？为什么不用爱的形式去表达，而用简单、生硬、粗暴的方法去表达？这样想也就想通了。思想通了，办法也就有了。”

我仍然觉得这是大道理。虽然都是正确的，也是必要的，但是不好操作。于是又和曹老师探讨起控制自己不良情绪的具体方法。曹老师讲了很多，概括起来主要有：第一，学生有了过失，老师进行帮助、教育、批评是必要的。但是，这种批评必须是善意的，千万不能伤害了学生的自尊心。要让学生能从你的一句话、一个眼神、一个表情、一个动作中感受到老师的真诚、善良、理解与关爱。第二，学生有了过失，一般不要立即批评，更不要在同学面前指责，而要忍一忍，放一放。一方面老师可以思考如何帮助，另一方面也给学生一个反省的机会。第三，对有过失的学生进行帮助时，一定要个别进行。要创造一个轻松的环境，让学生坐下来，远离紧张、不安、恐惧或者“顶牛”的心理状态，能有一个平静、愉悦的情绪。这样的个别帮助，不仅保全了学生的面子，维护了学生的自尊心，而且像朋友促膝谈心一样，便于学生接受。第四，对于学生的过失，特别是一般性的过失，不要动辄通报家长，搞得学生谨小慎微，提心吊胆，而应由老师先解决。这样，学生会体会到老师的良苦用心，而对老师产生一种由衷的感激之情。“亲其师，信其道”，学生会把对老师的爱，全部转移到听从老师的引导上。第五，对于学生的一般性偶然过失，老师可以用一个表情、一句悄悄话予以提醒，学生自然会从老师的话语、眼神和表情中体会到用意，从而自觉、主动地改正。第六，特殊情况下进行书面交流。师生之间用亲切、理智的书面语言交流，效果会更好。

听了曹老师的话，我受到很大启发，你呢？

书面交流好

书面交流是老师在冷静、理智的状态下和学生谈心，它可以从容、全面地表述，能够被学生所接受。

对于老师的真诚，学生必然回报以真诚。

一位学生考试作弊，被监考老师发现后，他当即诚恳地写了一份书面检查。交卷时，老师把课本和检查一并退给了他。回到宿舍打开一看，检查书上有一行工整的红字：“淌自己的汗，结自己的果，靠偷看靠剽窃，不算是好汉。”这位学生把检查书和老师的批语一同装裱起来，封存在永不忘却的记忆里，变成了时时抽打他的鞭子和他奋进求实的动力。

后来，这位同学也成了一位老师。一次上课时，他认真地向同学们讲了自己的故事，当发现同学们怀疑时，他拿出了珍藏的检查书和老师的批语。同学们相信了，自然从中也受到教育。

我赞美这位老师的做法和勇气，它是纯洁的灵魂迸发出来的光辉。

我主张师生之间进行必要的书面交流，它能使学生与老师的心贴得更近，连得更紧。

师生之间大量的、经常的、主要的是口头交流。但在特殊情况下进行书面交流，其效果往往比口头交流好。哪些是特殊情况呢？从学生方面说，有的性格内向，不善言谈，即使在仅有师生二人的情况下，他们也不愿意或不善于表达自己的想法；有的粗心大意，容易疏忽，对口头谈话表现得漫不经心。从交流的内容上说，有的是指出学生在某些方面的不足，应该如何努力；有的是指出学生在某些方面不对，应该如何改正，学生出于自尊心的需要，希望老师能个别帮助。

书面交流是老师在冷静、理智的状态下和学生谈心，它可以从容、全面地表述，能够被学生所接受，还可以充分发挥老师的才智，说几句激励学生当前、影响学生终身的话。很多不应该说的话避免了，很多鼓舞人心的话出现了，这就是它的特殊作用。

每个学生都有很强的自尊心和自信心，他们是非常重视老师的话的，尤其是那些热情、诚恳、精练的书面语言。对于老师的真诚，学生也必然给予回报。不信，你试试。

改了就好

学生有了过失之后，内心是矛盾的。如果老师能讲究一下教育艺术，给学生一个改正过失的台阶或机会，将会取得很好的教育效果。

山西省灵石县委、县政府投巨资盖了一所全新的现代化高中——灵石第一中学。师生搬进去不久，发现雪白的墙壁上有个污黑的脚印，大家都很气愤，一致要求查出来，严加处理。事情传到牛宝英校长那里，牛校长说：雪白的墙上留个污黑的脚印，是不好。人在地上走，脚印应该在地上，现在到了墙上，分明是学生出于好奇，一时控制不住自己，把脚印留在了墙上，算了吧，不查了，要相信我们的学生，改了就好。

校长的态度传出后，人们发现墙上的脚印没了。原来是把脚印留在墙上的那个学生，一天晚上悄悄地擦去了脚印。而且擦得那样认真、细心，几乎没有留下任何痕迹。如今，擦脚印的那个学生是谁，大家并不知道，但是，雪白的墙上再也没有发现过脚印。

平时，我们经常遇到这样的情况：班里出现了错误的现象，比如乱涂乱画、乱扔纸屑、损坏公物、物品丢失等，但是没有学生承认。于是乎有的老师便大加训斥，下令追查。结果在紧张的气氛下，往往是不了了之。

学生在有了过失之后（我用的是“过失”，不愿意用“错误”。因为他们的过失多数是在幼稚、单纯、好奇、盲目模仿、自控能力不强的情况下出现的，是童心的天然表现），内心是矛盾的：既觉得不对，又不敢承认；既想承认，又怕受到批评。这个过程实际上就是一个认识的过程、成长的过程。如果老师能讲究一下教育艺术，给学生一个改正过失的台阶或机会，将会取得很好的教育效果。

中小学生处在成长阶段，经常出现过失是难免的。作为老师，要给学生“政策”，要给学生出路，这个“政策”和出路就是改了就好。学生有了过失之后，有两种认识和改正的途径：一种是在压力下，面对老师和同学，不得不承认过失；一种是在自发的情况下，自觉自愿地承认并表示要改正过失。我们应该争取后一种，因为它可靠、可信，对学生的成长更有利。

教育的目的是引导学生不断向着积极、健康的方向发展，少一些急躁，多一分耐心，从“改了就好”的愿望出发，研究学生，研究方法，我们的路一定会越走越宽广。

让学生出考题

不要总是抱着、牵着学生走，要想一些办法，让学生发自内心地自觉自愿地向前走。

考学生能不能让学生出考题？这是过去不曾思考过的问题。最近看到一个材料，报道了新加坡一所中学让学生出考题的情况。大体做法是：考试前，老师发动每个学生出一套试题，然后老师加以归纳、选择，学生出的试题占 70%。根据学生出的试题，老师拾漏补遗，再补充一部分内容，老师补充的试题占 30%。这样，师生共同完成考试的出题任务。我赞赏这一做法，它是在教育观念更新后对传统命题办法的一次深刻变革。

让学生出考题至少有以下三个好处。第一，密切师生关系。自古以来都是老师命题，学生答题，如今变成了学生也可以出考试题，学生会感到老师对自己是信赖的，从而对老师产生一种亲近感。老师在归纳、整理学生所出试题的过程中，会发现许多新情况，会吸收许多可以丰富自己的新营养，从而感受到学生是可爱的。第二，促进学生复习。考试题目是从所学知识里提炼出来的。不复习或不理解所学过的知识，很难独立命出一套试题。让学生自己命题的过程，就是一个让学生独立思考和学习的过程，它可以促进学生对已学知识的理解与巩固，而且这种复习具有自觉性、独立性和全面性，因为每个学生都想出一套老师满意的试题。实际上学生自命题就是一次开卷考试。第三，提高学生分析问题和解决问题的能力。考试回答问题的过程，实际上就是分析和解决问题的过程，让学生出考题，是把这一过程倒过来，先分析和解决问题，再独立思考整理出一套试题，这种自觉自愿、没有压力的宽松做法，更利于培养和提高学生分析和解决问题的能力。

我们经常说要调动学生的积极性和主动性，如何调动？让学生出考题就是一个很好的方法。不要总是抱着、牵着学生走，要想一些办法，让学生发自内心地自觉自愿地向前走。主动权就掌握在老师手里。试一试，让学生出考题。

王文英老师的“与学生约定”

王老师与学生的约定，让学生找到了幸福的感觉。

王文英是山西省太原市杏花岭区第五中学的语文老师兼班主任。我和她是在2004年山西省教育厅组织的班主任素质展示会上认识的。当时，她是参与展示的班主任，我是评委，她精彩的课堂教学、激情的演讲、流利的答辩以及活泼的才艺展示，都给我留下了深刻的印象。时隔六年后的2010年，还是在全省班主任素质展示活动中，她为参与展示和观摩的班主任做了一场专题报告。比起六年前，她更加成熟，报告也更加动人。其中，她与学生的约定，给我的印象最深刻，启发也最大。

她所带的班里有一位同学的学习基础较差，入学快半年了从没有回答过老师的提问。可以肯定，该生的自信心在逐渐下降。一天，王老师把这位同学请到办公室，师生二人悄悄做了约定。王老师说：“明天的语文课，老师计划提出五个问题供同学们讨论或思考后回答，非常希望你能回答一个问题。你看看这五个问题中你能回答哪一个，请告诉老师。”这位同学认真看了五个问题后，告诉老师可以回答第三题。王老师说：“那好，明天语文课上见。”

这位同学回家后，对第三个问题做了认真准备。第二天，语文课进行到提问第三个问题时，这位同学高高举起了手，王老师按照约定请他做了回答。同学们惊喜地发现，半年没有回答过问题的他，今天竟表现得如此精彩，不约而同地投去赞赏的目光。这位同学的脸上，洋溢出兴奋、满意、自信的神情。

王老师与学生的约定，让学生找到了幸福的感觉。

让学生知道自己的优点

让学生知道自己的优点，是树立和保护自尊心的需要，是自立、自强的需要。

用滚烫的心去温暖学生的心，成功的教育将从这里开始。

据报载，一位记者到几所小学做调查，请学生写出自己的愿望、长处和不足。结果，在愿望和长处栏目，尤其是长处一项上，竟有三分之一的同学答“无”。而在不足项目上，所有的学生都知道自己的缺点。

我有点茫然和疑惑，效仿记者的办法向街坊邻居上小学的孩子做了口头调查。果然，被问及的九个孩子中，竟有四个孩子对自己的优点含糊不清，似是而非。而对自己的缺点，倒是一清二楚，诸如学习不好、不守纪律、粗心懒惰等。

每个学生都有自己的优点。他们天真无邪，活泼爱动，好胜心强，充满幻想，富于想象，易于激励。但是，为什么相当一部分学生不知道自己的优点呢？原因出在老师和家长身上。

我同意那位记者的意见，我们的老师和父母都是爱孩子的。

但是在表达爱的时候却走了样，变了形，频繁的批评、讽刺、挖苦甚至体罚和变相体罚，使孩子们只知道自己的缺点和错误，而不知道自己还有长处和优点，难怪他们说不出自己的长处。

让学生知道自己的优点，是树立和保护自尊心的需要。学生有了自尊心，才会懂得尊重自己，尊重他人，尊重社会。这样，整个社会才能变得宽容、祥和与文明。

让学生知道自己的优点，是自立、自强的需要。学生知道了自己的优点，才会自重、自爱，才会有信心，才会在老师的引导下健康成长。如果他们经常遭到的是简单的批评、粗暴的打击、恶意的嘲讽，其脆弱的心灵就会受到伤害，上进心、自信心就会由强变弱、由弱变无，直至心理扭曲，最后发展到玩世不恭、表里不一、妒忌反叛。那是非常危险的。

多表扬，少批评；多肯定，少否定；多鼓励，少挖苦。用滚烫的心去温暖学生的心，让学生知道自己的优点，成功的教育将从这里开始。

肆　深入教学改革

AI DE YIZHAN

教学改革是一个永恒的话题。因为时代在变，学生在变，内容也在变。我们的教法如果不变，轻则不受学生欢迎，教学质量下降；重则脱离社会需要，被发展的车轮淘汰。教学改革，贵在深入。深入到教学的每一个细节，深入到全班的每一个学生。谁能让学生动起来，谁便能获得成功。

大教学观

现代管理原理归根结底在于调动人的积极性。

我应邀参加一个课题立项论证会，课题的名称为“优质课堂教学过程的研究与实践”。当时及会后想了很多，集中到一点就是老师应树立大教学观。

现代管理的原理在不断充实与完善，但大家公认的、最重要的是系统论、信息论、控制论这“三论”。如果我们借鉴这些原理，施以符合学生心理和认识规律的教学方法和手段，必然思想解放，眼界开阔，优化教学活动将是肯定的。

现代管理原理的目的在于激发和调动人的积极性。如果我们借鉴这些原理，尊重学生的主体地位，重视激发学生的积极性，必然是既有了老师的积极性，又有了学生的主动性，取得良好的教学效果也是必然的。

我常想，老师的课堂教学活动就像运动员正式比赛和演员正式演出一样，功夫在课外。课外的精心备课、搜集资料、网罗信息、研究学生和亲自实践就是“三论”的具体运用。倘若课外不下功夫，正式登台后的效果是可想而知的。课外下功夫，课堂出效果，应该是所有老师的共识。

事实上，教学活动过程就是一个十分严密的系统，老师与学生、学生与学生、老师与家长、家长与学生、老师与老师、老师与校长，以至于老师与教材、老师与设备，等等，任何一个环节有问题都会影响教学活动。教学活动过程又是一个十分明显的信息反馈过程，学生表情、回答问题、批改作业、个别辅导、家庭访问、考试成绩等，都是信息反馈。如果能敏锐地抓住信息，及时地加以改进，自然会优化教学活动。教学活动过程还是一个随机应变、不断调节的过程，这就需要老师具有高超的控制能力，控制自己的讲授时间，控制学生的讨论时间，控制自己的情绪，控制教学活动中出现的偶发事件，激发学生的学习情绪。控制是为了调动积极性。像开汽车一样，控制是为了让汽车跑得更安全、更迅速；像打靶一样，控制是为了有效地击中目标。

中小学老师既是教学活动的管理者、知识的传播者、能力的培养者，又是学生学习如何做人的引路人。现代管理原理归根到底在于调动人的积极性。作为一名老师，要取得良好的教学效果，首要的是要调动学生的积极性。

再说大教学观：系统论在教学活动中的应用

取得良好的教学效果，优化教学的全过程，必须具有系统论的观念，努力抓好教学活动这个系统中的每一个环节。

我总以为就方法说方法，就课堂教学说课堂教学，很难说清楚，因为它的局限性太大，很容易就事论事。如果我们能把教学活动看作是在一个严密的系统中进行的，某一个环节上出现漏洞都会影响教学效果，视野开阔了，思维拓展了，重视抓好每一个环节，自然会有好的效果。

现代管理十分重视系统论。就内部来说，决策层、管理层、执行层是一个有条不紊的系统；就外部而言，与之有关的因素也形成了一个严密的系统。在这样一个大的系统中，各个环节正常运转，所以才有了良好的管理质量。

其实，教学活动过程也是一个有机的系统。如果把老师和老师所任教的班级当作一个内部系统，这个内部系统涉及备课（如何熟悉教材、研究学生、确定重点、明确难点、教具使用、考虑教法等）、批改作业（如何革新传统的批改方式、如何通过批改作业激发学生的学习兴趣和积极性、如何通过批改作业发现自己教学活动中的缺陷并及时加以改正等）、考试（如何拟定考试试题、如何分析考试成绩、发现了什么问题、下一步如何改进等）。在内部系统这些环节上，哪一环考虑不周，没有下到功夫，都会影响教学活动的全过程。如果把老师和老师所任教的班级以外当作一个外部系统，这个外部系统涉及与其他老师的配合、与其他职工的协作、与家长的联系并取得家长的支持、与实践的结合及了解社会的发展趋势，并通过教学活动为社会的发展服务。在外部系统这些环节上，如果忽视了配合与协作，没有得到支持，同样会影响教学活动的全过程。

自来水厂通过各条管道把水送到每个家庭，这是一个系统，哪条管道有漏洞都会影响到用户用水。发电厂通过变压器、各条线路把电送到每个家庭，这是一个系统，哪里出了毛病都会影响到用户用电。教学活动是一个系统，它是以教学目的为方向，以老师活动为形式，以各方面的配合为条件的一个完整、有机的系统。老师的主导作用除了体现在学生身上外，还体现在上述的各个环节中。因此，取得良好的教学效果，优化教学的全过程，必须具有系统论的观念，努力抓好教学活动这个系统中的每一个环节。

三说大教学观：
信息论在教学活动中的应用

时代发展到今天，信息还是一种宝贵的资源。忽视信息的收集、筛选和利用，无论从事什么职业活动，必然跟不上时代，甚至一事无成。

优秀的现代管理者是非常重视信息的，他们根据信息的变化，不断调整决策，组合力量，所以才取得了良好的效益。时代发展到今天，信息还是一种宝贵的资源。忽视信息的收集、筛选和利用，无论从事什么职业活动，必然跟不上时代，甚至一事无成。

老师应用信息论，主要表现在两个方面：

一方面，是整个教学活动中学生反馈的直接信息。课堂上学生的情绪，回答提问的情况，讨论问题的兴趣，完成作业的情况，敢不敢主动找老师争论一些问题，考试成绩分析，等等，如果老师能够及时抓住这些信息，适时调整自己的教学进度，改变自己的教学方法，真正根据学生的信息反馈设计教学活动，而不是按照自己的经验一成不变地单向传导，自然会收到良好的教学效果。传统的“满堂灌”“独角戏”“一言堂”等，本质上是教育观念落后，没有树立为学生发展服务的意识。原因出在不以学生为本，不能根据学生反馈的信息确定和调整自己的教学活动。

另一方面，是教学活动以外通过多种渠道反馈的间接信息。一类是书报杂志、广播电视等媒体传播的学科研究、教改动态等信息；一类是教研活动、学术会议以及示范课、观摩课等获取的信息；一类是经常性地留心观察其他老师成功的经验或失败的教训，根据自己的实际，吸纳过来，加以改进，变成自己的财富。过去说“要给学生一杯水，自己必须有一桶水”，后来又说“要给学生一杯水，自己必须有一池水”，现在又有人说“要给学生一杯水，自己必须是长流水”。这是认识上的飞跃，是信息时代应有的思想观念。如何使自己成为“长流水”？唯一的途径就是努力学习，获取信息，勤于实践，敢于创新。

获取信息是一种勤奋，利用信息是一种勇气。不怕吃苦，工作勤奋，再加上善于借鉴有益的信息，大胆创新，教学工作必然出现新的面貌。

四说大教学观：控制论在教学活动中的应用

教学活动中应用控制论，不仅是为了使教学活动正常进行，更是为了使教学活动有效进行。

控制论在现代管理中的应用，目的在于调整力量，协调关系，使运转更有效。

一辆汽车在公路上正常行驶，司机、汽车、道路组成了一个系统，哪一个环节有故障，汽车都不能正常行驶。道路、天气、障碍等构成了一系列信息，这些信息反馈到司机那里，司机必然采取措施，该慢就要慢，该停就要停，这就是控制。如果转弯时应该减速反而加快了速度，就可能翻车；如果前面有汽车应该减速停车反而加大油门不减速，就可能撞车。可见，控制汽车不仅是为了快速行驶，更是为了安全行驶。

教学活动中应用控制论，不仅是为了使教学活动正常进行，更是为了使教学活动有效进行。控制论在教学活动中的应用，主要表现在以下三个方面：

第一，老师对教学内容的控制。讲授什么内容，重点在哪里，老师讲解多少，让学生通过引导、启发理解多少，哪些由老师讲解，哪些由学生自己去领悟，先讲什么，后讲什么，等等，都是老师应该去控制的。

第二，老师对学生的控制。这种控制不是把学生管住、管死，卡得一动也不敢动，完全按照老师指出的方向走路。恰恰相反，教学活动中老师对学生的控制，最重要的目的是调动学生的积极性和主动性，激发学生参与教学活动的兴趣和活力。蹲下去是为了站起来，收回来是为了打出去，向后退是为了向前跑。老师宽容、尊重学生，正是为了让学生主动参与教学活动，在老师的引导下主动获取知识。同时，对于有碍于正常教学活动的行为也要控制。但是这种控制绝不是训斥、惩罚甚至体罚，而是艺术化了的引导。

第三，老师对自己的控制。这种控制最重要、最集中的是对情绪的控制。教学活动是一种在老师引导下进行的多边活动，学生的一言一行、一举一动必然要反映到老师眼里。面对天真无邪、自控能力不强的学生，老师的情绪是起伏不平的。这就要求老师能控制自己，不因某些学生的过失而大动肝火，始终能以一颗平静的心，和蔼、亲切地巧妙处理偶然出现的事件，使教学活动正常、有效地进行。

合作学习初探

合作学习的目的，对老师来说，是为了调动学生参与教育教学活动的积极性与主动性；对学生来说，是充分挖掘自己的潜能，为将来与他人合作共事做准备。

“问题”是合作学习的核心。

合作学习包括学生与老师、学生与学生之间的配合以及个人实验、社会实践、现代信息获取等，但重点是师生、生生之间的合作。

合作学习的目的，对老师来说，是调动学生参与教育教学活动的积极性与主动性，提高教育教学效率。善于和学生合作，是一种高超的工作艺术。对学生来说，合作学习是充分挖掘自己的潜能，在学习中培养和增强自信心，变被动为主动，收获知识，锻炼能力。同时，更长远的目的在于为将来与他人合作共事做准备，现在会合作学习，将来会合作做事。

合作学习的形式是根据教育教学内容和学生实际情况决定的，生搬硬套、强求一律都是不科学的。比如，小学低年级应以老师引导、讲解为主，小学高年级应适当安排合作学习的内容。有的学科以合作学习为主，老师讲授为辅；有的学科则以老师讲授为主，合作学习为辅。

“问题”是合作学习的核心。无论老师提出问题引导学生思考或讨论，还是学生提出问题请老师辅导讲解，“问题”都要具有启发性，有利于引导学生去思考；都要具有挑战性，有利于学生跳起来摘果实；都要具有概括性，有利于学生综合分析判断；都要具有普遍性，有利于多数学生经过思考或讨论后有收获。

合作学习再探

民主是合作学习的灵魂。

老师的民主作风包括理解学生、尊重学生、相信学生。理解是基础，尊重生感情，相信是动力。

民主是合作学习的灵魂。

老师的主导作用，取决于老师的民主作风。老师越民主，越能调动与激发学生积极参与，老师的主导作用就越充分。学生的主体地位，也取决于老师的民主作风。老师越民主，学生参与教育教学活动的积极性越高，学生的主体地位也就越稳固。

老师的民主作风包括理解学生、尊重学生、相信学生。

理解是基础。老师要理解每一个学生都愿意学习好，方法得当也都能够学习好。有了这一点，老师才能冷静、理智，不急不躁，才能心平气和地对待每一个学生，热情耐心地做好每一件事情。

尊重生感情。人与人之间的感情，是在长期相互尊重的基础上产生的。试想，如果互不尊重，能够有感情吗？老师对学生有了感情，就会对学生有热情、有耐心；学生对老师有了感情，就会亲其师、信其道。

相信是动力。相信学生既是一种教育观念，也是一种教育艺术。信任是双动力：对于老师来说，相信通过自己和学生两个方面的努力，各类学生都会在各自的基础上有所收获，这是老师的工作动力；对于学生来说，相信通过老师的引导和自己的努力，一定会有所发展。老师信任的眼神、和蔼的表情、肯定的语言，都会变成一种力量，一种激励学生奋发向上的力量。合作学习正是在这种人情交融中完成的。

课堂教学应突出启发诱导

成功的课堂教学的一个显著特点是老师讲得少、学生活动多，老师把主要精力用在对学生的启发、诱导、点拨上。这成了课堂教学改革的主攻方向，也成了评价一节课是否成功的重要标准。

成功的课堂教学的一个显著特点是老师讲得少、学生活动多，老师把主要精力用在对学生的启发、诱导、点拨上。这成了课堂教学改革的主攻方向，也成了评价一节课是否成功的重要标准。要做到这一点，老师必须少讲。只有老师少讲，才能把时间还给学生，学生也才能成为学习的主人。

如何才能少讲呢？只讲重点、难点。什么是重点、难点呢？老师不讲解学生完全不懂的，学生只知道表面不理解深层的，前后知识连不起来的，学生只会死记硬背不会思考和灵活运用的，等等，这些都属于重点、难点。

如何抓住重点、难点呢？

一是要了解学生，注重反馈，也就是大家经常说的加强学情分析。课堂教学活动中，哪些学生懂了，哪些学生没有懂；哪些地方学生懂了，哪些地方学生没有懂，其实都写在学生的脸上，只要用心观察，老师便会心中有数。同时，判作业、判试卷、个别辅导等，也都是重要的反馈渠道，只要留心，就会捕捉到各种信息，然后根据信息调整自己的教育教学内容与方法。

二是精心备课，挖掘教材，也就是大家经常说的深度开发教材。备课严格来说是备学生：哪些内容学生可能不懂，哪些地方学生可能不懂，如何帮助他们克服难点。备课实质上是加工教材：把书面语言变成口头语言，把抽象概念变成通俗常识，这就是用教材，而不是教教材。

老师在教学中如果做到了这两点，就会游刃有余，就能在教学活动中把主要精力用在启发、诱导和点拨上。

让每个学生都有展示自我的机会

展示就是实践，展示就是感悟。展示可以激发自信，增长知识，锻炼能力。展示的机会越多，自信心就越强，成功的概率就越高。

争强好胜、希望表现自己，是中小学生普遍具有的心理共性。老师一定要理解这一心理特征，满足这一心理需要，创造条件让每一个学生都有展示自我的机会。

课堂是学生的主战场，自然也是学生展示的主战场。无论是师生合作、生生合作，还是独立思考后的主动发言，都是展示。老师提问，学生回答。学生提出问题，老师解答问题，是师生合作的主要形式。在这个过程中，寻求正确答案是重要的。但对于有些学生来说，敢于参与、敢于展示，比正确的答案更重要。因为有了自信，敢于探索，一定会找到正确的答案。小组讨论、互相补充、彼此争论，是生生合作的主要形式。在这个过程中，老师要鼓励学生都参与，在参与中锻炼自己，增长知识。老师的主导作用，从本质上说其实就是调动每个学生参与教学活动的积极性，使学生充分展示自己，在展示中成长。

课外活动、社会实践、学生社团等，都是为了强化实践，为了让学生充分展示自己而精心设计的。能力不是听来的、说来的、看来的，而是在实践中形成的。就像学游泳，如果只是站在池边看、听着教练说，而从不下水实践，是永远学不会的。

展示就是实践，展示就是感悟。展示可以激发自信，增长知识，锻炼能力。展示的机会越多，自信心就越强，成功的概率就越高。

重视预习

不预习的听课是盲目的。盲目的听课是打无准备之仗。

一所中学的化学高考成绩突出，学生的动手能力和应变能力也很强，我和几位同事专程去学习经验。座谈会上，老师们的发言都不无道理，但最使我受启发的是教研组长的发言。他说："如果要说经验，是我们强调了预习。学生在预习当中遇到有不懂的地方，他自然在上课时集中精力，专心听讲；懂了的，他可以海阔天空地去想象。预习，对同学们的自学能力也是一个很大的促进。"

预习，这是一个老话题。记得我上中学时，各科老师除了强调复习外，都很重视预习。但是，不知从何时起，学校便不提倡、不重视预习了，多数同学没有预习的习惯。反正课是老师讲的，自己听就是了，完全处于一个被动地位。

其实，预习是很重要的。老师讲课要备课，成年人做一件事情要提前做准备。连运动员、演员在正式开赛、开演前，都要预赛、预演，那么学生在上课前也应该预习。这是符合客观规律的、科学的。

我们经常说要让学生主动发展，要尊重学生的主体地位。其中，引导学生课前预习就是很重要的一个方面。要做到这一点，老师必须精心备课，争取使学生当堂理解，从而能腾出一部分时间让学生自己预习。

绝不拖堂

相信学生，不代替学生，把担子压给学生；抓重点，说短话，你的课就会讲得生动活泼，干脆利索。

记得上中学时，一位老师经常拖堂。有时，下课铃响了，他还没讲完，有时讲完了还要再重复一遍讲授的重点，好不容易等来的十分钟，他往往还要占去好几分钟。我不知道别的同学是如何想的，反正每到这时，我的心已经飞出了教室，老师说的话是一个耳朵进去便从另一个耳朵跑了。

老师偶然拖堂在所难免，但经常拖堂就需要引起注意。尽管用心是好的，但效果恰恰相反，而且时间长了，容易引起学生的逆反心理。为此，最好不要拖堂。

拖堂的主要原因，不仅仅出在教学设计和时间安排等技术方面，更重要的是出在教育思想上。教学是师生共同参与的一种活动。在这一活动中，主体是学生，是学生积极、主动地参与。如果没有意识到这一点，习惯于“满堂灌”“注入式”，那就会出现拖堂。所以，杜绝拖堂的最好办法是调动学生的主动性，让学生积极参与到教学活动中来，老师少说话，只说关键的话，把时间留给学生。

拖堂的另一个原因，是不了解中小学生的认识规律和心理特点。中小学生天性爱动，持久力差，兴趣转移快，因此每节课应安排40分钟（有的学校安排30分钟）。本来他们坚持40分钟都有困难，如果课讲得索然乏味，而且还拖堂，时间长了，他们就会失去对这门课程的兴趣。

相信学生，把担子压给学生，不代替学生，你的课就会讲得干脆利索，绝不需要拖堂。

教学生活化

以学生为朋友，充分尊重学生，让学生感受到上课是一种不可缺少的生活享受，才会对学生的一生起作用。

什么是生活？生活是人或生物为了生存和发展而进行的多种活动。学校的教学工作是为了学生的生存和发展，因此，教学活动应该生活化。如何做到教学生活化？关键在于在教学思想、教学内容、教学方法等方面都有一个全新的教育观念。

在教学思想上，老师是知识火种的传播者，学生潜能的开拓者。但是，这种传播与开拓是建立在平等的基础之上的，并非老师的恩赐与施舍。谁都知道，理想的生活是幸福，幸福的标准并非花天酒地，而是彼此尊重。只有相互尊重，生活才会和谐、美满。由此我们可以受到启发：老师要有为学生发展服务的观念，努力建立平等的、朋友式的师生关系。师生之间平等了、互相尊重了，关系必然和谐，老师与学生也就能享受到教学活动的乐趣。

在教学内容上，可以说所有的教材内容都是人类生活实践的知识结晶，是对源于生活的知识、规律的高度概括和客观揭示。

既然是这样，教学内容更容易生活化，也应该生活化。特别是要把一些公式、定理、概念、法则等，放到其起源的生活背景中去讲解，让学生容易理解。这就要求老师具有渊博的知识，知道那些高度概括的知识产生的生活背景及发展过程。如能贴近生活、娓娓道来，“压缩食品”就会变成一道美餐。

在教学方法上，我们应从丰富多彩的生活中受到启示：生活是五彩缤纷的，教法也应该百花齐放。生活追求的是质量，只有丰富多彩才有质量；教学追求的是效果，只有因材施教才有效果。因材施教，就决定了不是一种或几种教法，而是多种教法。“教有法而无定法”，有法指的是有规律。规律是什么？通过传播知识教学生会思维，或者说教学生会学。叶圣陶先生说“教材无非是例子”，言外之意是说单凭课本上的内容是远远不够的，教学活动无非是以教材为例子，教学生会思维，达到会学习的目的。生活中小孩学走路、学说话、学吃饭、学穿衣，父母只能帮助，不能代替。如果长期代替，肯定学不会。教学活动也是如此，老师只能引导，不能代替，更不能强制。代替了，强制了，不会有好的效果。

更新旧的教育思想，树立新的教育观念，说起来容易做起来难。难在什么地方？难在“架子”二字。许多老师放不下架子，怕放下架子没了威信管不住学生。这是当前体罚和变相体罚学生屡禁不止的主要原因。其实，“以师压人”可能管一时，但管不了学生一生。只有以学生为朋友，充分尊重学生，让学生感受到上课是一种不可缺少的生活享受，才会对学生的一生起作用。

教法的本质是学法

回顾、总结自己的学习方法，研究、改进学生的学习方法，让学生掌握科学的学习方法，就是最好的教法。

20 世纪 70 年代末 80 年代初，我国中小学评了一批特级教师。在这批特级教师中，相当一部分人学历并不高，但教学效果非常突出，有的甚至形成了自己的风格，并以自己的风格为主体形成了流派。这一现象引起了教育科学研究部门的重视，并进行了专门调研。调研的结论是：教法的本质是学法，这些老师教给了学生如何学习的方法。

人类认识一个事物应该有三个阶段：

1. 是什么，这是认识活动的初级阶段。像我们认识一个陌生人一样，由原先的不认识到认识。

2. 为什么，这是认识活动的中级阶段。就像我们认识这是一个什么样的人，为什么会是这样的人。

3. 怎么办，这是认识活动的高级阶段。就像我们决定如何应对这样的人，是合作还是分手，以及如何合作、如何分手。

其实，老师上课就是围绕一个或几个知识点，解决是什么、为什么、怎么办这三个问题，也就是引领学生的学习思维。如果仅仅停留在“是什么”阶段，学生可能只会死记硬背；如果能引领到“为什么”阶段，学生就可能在理解的基础上记忆；如果能继续引领到“怎么办”阶段，学生不仅有了认识问题、分析问题的能力，还有了解决问题的能力，那将是成功的课堂教学。

回顾、总结自己的学习方法，研究、改进学生的学习方法，让学生掌握科学的学习方法，就是最好的教法。

教有法而无定法

“教有法而无定法”——“有法”是指教育是有规律的，要遵循规律施教；“无定法”是指老师要不断改变自己对学生关爱的方法，让学生感到可亲、可爱、可信，不断改变教育教学的内容，让学生觉得新奇、新鲜、新潮。

任何一种成功的教育教学方法，不可能适应所有的老师和学生。因为每位老师的情况不同，所任学科又有不同的特点，所教学生在知识基础、接受能力等方面存在着差别。照搬套用别人的方法，犹如用的是别人的大脑，走起路来却是自己的腿，不伦不类，必然失败。所以，我是完全赞同“教有法而无定法”这一观点的。

“教有法而无定法”的关键是何为“有法”？有法就是有规律。这个规律主要包括三个方面：

一是老师对学生的态度为学生所悦纳。中小学生喜欢某一门学科，首先是从喜欢某一个老师开始的。尊重、理解、相信学生，学生回报老师的必然是尊重、理解、相信。有了这样的师生关系，成功的教育教学就有了坚实的基础。

二是教育教学内容符合学生的实际。如果让小学生接受成年人的内容，或者对抽象的书本语言照本宣科，脱离了学生的年龄实际和认识能力，就不会产生好的教育教学效果。

三是教育教学方法为学生所接受。教育教学方法是多种多样的，但最为要紧的是千方百计调动学生的积极性和主动性，让学生有效地参与教育教学活动。主动就有希望，参与就有收获。

什么是无定法？就是老师不要拘泥于一种模式，而是能够根据教育教学的内容，不断改变自己对学生关爱的方法，让学生感到可亲、可爱、可信；同时，不断改变教育教学的内容，让学生觉得新奇、新鲜、新潮。这就是创新。教育需要创新。

做有特色的老师

每个老师都应该有自己的特点，有特点的老师是有生气的老师。

作为学校集体，每所学校都应该有自己的特色，或管理严谨，或自由开放，或文体突出，或环境优美，或关注学生特长发展，或重视班主任工作交流，或课堂教学改革不断深化，或教育科学研究深入人心，甚至伙食、卫生、教室布置、学生社团、图书借阅、家校合作、课间活动、心理健康教育等，都可以成为学校的特色。有特色的学校必然有生气，可以通过特色带动全面发展。

作为老师个人，每位老师也都应该有自己的特点，或严谨，或豪放，或说话条理，或处事果断，或善于做班主任工作，或长于教育科学研究，甚至书法、绘画、摄影、体育、文艺等，都可以成为老师的特点。有特点的老师是有生气的老师。中小学生朝气蓬勃，喜欢有生气的老师。

所谓特色或特点，是指在某一方面甚至某一点上表现突出，并且稳定、持久，社会公认、学生欢迎，对学生的全面发展能够产生积极的影响。

老师的特色是在实践中形成的，特别是在与学生长期、大量的接触中形成并发展的。老师的特色不可能改变学生，让学生都具有老师的特色，但它可以鼓励并影响学生都具有学生个人的特长。通过老师的特色培养学生的特长，通过特色、特点带动全面工作，促进学生健康发展，应该成为老师的工作艺术。

抓主要矛盾

老师、教材、学生一起进入教学活动。主要矛盾是学生与教材。

一位语文老师的教学效果特别突出，我慕名拜访了他。

他告诉我，学习语文同学习其他学科知识一样，重要的不是老师的单纯传授，而是激发学生的学习兴趣，调动学生在课堂上积极参与的热情。一旦学生参与了，有了积极性和主动性，教学效果就会明显提高。

这是一个老生常谈的问题，说起来容易做起来难。原因在什么地方呢？在于没有抓住教学中的主要矛盾。

我们分析一下，进入教学活动的主要对象一是老师，二是学生，三是教材。这三者之间，老师与学生没有矛盾，所有老师都希望通过自己的讲授使学生理解和掌握知识，所有学生也都希望自己理解和掌握老师讲授的知识。老师和教材没有矛盾，不能理解和掌握教材的老师是极少数的。既然这样，主要矛盾就是学生与教材。

学生与教材之间的矛盾：一是表现在心理特点上的陌生感和

恐惧感。一般来说，所有的人在一个新的知识、新的对象、新的事物面前都有这种心态。而教材对于学生来说是全新的，他们这种心态就更突出。二是表现在认识规律上的形象性与直观性。一般来说，人们对于形象、直观的事物比较容易理解，而对于抽象、间接的事物就比较难以接受。中小学生正处于认识事物的起步阶段，他们的逻辑思维能力和判断能力都还很低，理解和掌握人类长期劳动总结出来的知识结晶是有难度的，特别是那些抽象的概念、定理、公式等，对于他们来说困难就更大。

教学活动是一个实践活动。所有的实践活动都是解决矛盾的过程。在教学这一实践活动中，既然主要矛盾是学生与教材的矛盾，那么我们就应抓住主要矛盾，解决主要矛盾，这就是教学活动。

再说抓主要矛盾

教学活动是师生之间心灵的碰撞与交流，老师应以满腔的激情去唤起学生追求知识的热情。

教材内容对于学生来说是全新的。他们在陌生的知识面前是一种既好奇又陌生，既渴望学懂又怕学不会的心理状态。就主观愿望来说，所有的学生都希望理解并掌握教材里的新知识，这是他们思想的主流。认识了这一点，老师在教学活动中，首先要消除学生的恐惧心理，减少他们的心理压力，使他们能在一个轻松、平静的心理状态下听老师的课，理解讲授的内容。成年人都有这样的体会：在紧张、恐惧的心理状态下，思维是混乱的，影响对知识的理解，中小学生也是这样。我们经常说的和蔼亲切、热情耐心、循循善诱等，除了是做人的基本素质外，很大程度上是教学的需要，是为了保持学生能有一个平静的心态的需要。

学生有学懂、学会的渴望，这是他们的主流，也是他们获取知识的内在动力。认识这一点是至关重要的。认识了这一心理，老师就要尊重它，珍视它，利用它，努力激发学生的内在动力，引发他们的学习兴趣，让他们在知识面前有一种跃跃欲试、跳起来摘果子的积极性和主动性。学生获取知识不能靠老师恩赐奉送、包办代替，只能靠学生自己，老师的作用是启发，是诱导，是激励。

认识学生在教学过程中的心态，努力激发学生的学习兴趣，逐步把这种兴趣升华到理想的高度，是成功教育的一个共同规律。要取得优秀的教学效果，老师必须了解学生在教学过程中的心理特点。

学生认识和掌握知识是有过程的，有的快，有的慢，这是正常现象。面对这种正常现象，老师必须头脑冷静，尤其是对于那些理解较慢，或者是因为各种原因经常在学习上出现差错的同学，更要理智，千万不能急躁，更不能讽刺、挖苦、训斥、体罚或变相体罚。如果那样，将会伤害学生的心灵，对学生的健康成长是十分不利的。

教学活动是师生之间心灵的碰撞与交流，老师应以满腔的激情去唤起学生追求知识的热情，这是成功的希望所在。

三说抓主要矛盾

改进教学方法就是要在教学中：形象、直观，符合学生的认知特点；灵活、多变，激发学生的求知兴趣；启发、诱导，调动学生的积极性和主动性。

中小学生受知识、阅历、体验的局限，思维方法和认识方法都处在起步阶段，有些问题在成年人看来非常简单，他们却难以理解；有些问题在成年人看来十分复杂，他们却认为非常简单。在教学中只有认真研究他们的认识特点，才能取得良好的教学效果。

研究优秀老师的教学，我们可以发现一个共同的规律，那就是教学内容与教学方法的有机结合。教学内容指老师的讲授正确、科学，没有知识性差错；教学方法指老师的讲授符合学生的认识特点，便于学生理解和掌握教学内容。目前，教学中经常出现知识性差错的老师是极少数。那么，为什么教学效果平平呢？这些老师和教学效果优秀的老师差距在哪里呢？不在他们拥有知识的多少和对知识理解的深浅上，而主要在教学方法上。有的老师教法单调，照本宣科，虽没有出现知识性差错，但教学效果一般，这也说明只有改进教法才能提高教学质量。“教有法而无定法。”很难说某种优秀教法适用于所有老师，教学优秀的老师也不一定固守某种教法不变。这样说并不是说没有规律，研究与改进教法应该遵循的是：形象、直观，符合学生的认知特点；灵活、多变，容易引起学生注意，激发学生的求知兴趣；启发、诱导，重视学生参与，调动学生的积极性与主动性。

有人说“教法的本质是学法”。我认为说到了要害处。许多老师把自己学习本学科知识的方法贯穿在教学过程中，不仅讲授知识，而且传授学法，这就把打开知识大门的金钥匙交给了学生，从而为学生获取知识奠定了良好的基础，意义是深远的。

知识的更新相对来说好解决，通过进修学习、虚心请教就可以提高。但教法的改进主要靠实践，靠自己长期的亲自实践。虽然别人已经有了成功的教法，但是条件不同，并不是搬来就可以用的，只能供自己参考。所以，切合实际的教法，主要靠自己通过实践去探索，去总结。

这节课好在哪里？

一时难以用语言表达的，用形体表达了，用表情体现了，学生会感到更亲切、更自然，作用也更大。

最近，观摩了英语老师赵立宏的课。听课的有一百多人。我是学中文的，听不懂。据了解，听课的老师多数也不是教英语的，自然和我差不多。但是，教学效果出奇的好，不仅学生生动活泼、积极主动，就连像我这样听不懂具体讲授内容的人也精神集中，兴趣盎然。这节课好在哪里？好在这位英语老师充分而恰当地运用了体态语言。

当他教学生认识“小提琴”这个单词时，他一边把单词写在黑板上，一边领着学生朗读，然后惟妙惟肖地做着拉小提琴的样子，形、音、义全部融化到了学生的脑海中。特别是他十分投入地拉小提琴的形象，一定会深深地刻在学生的记忆里，使学生产生许多联想。当学生正确地回答完提问后，他的脸上写满了由衷的喜悦，一边说着英语，一边高高地竖起大拇指，不懂英语的人也知道他是在夸奖学生“很好”“好样的”！简单的几个字，像一股暖流涌进学生的心田，成为学生不断求知的动力源泉。当学生回答不出来问题时，他没有急躁，而是走到学生身旁，和蔼、轻声地启发、引导。如果学生说对了一部分，只见他一边说着英语，一边用拇指和食指比了一个很小的距离，可以看出，他是在告诉学生“离正确答案已经很近了，再努力，大胆说”。学生全部说对了，他便开怀大笑，轻轻拍拍学生的头，又高高竖起了大拇指。

赵老师整堂课没讲一句汉语，但是我听懂了。有人说听好老师的课是一种艺术享受，这次我享受了。

由此我想到了哑剧，整个演出全靠形体和表情，没有一句话，观众不仅看懂了，而且留下了深刻的印象。老师上课时如果能够充分而恰当地借助体态语言，我想效果会更好。因为体态语言形象、生动，会给学生留下深刻的印象。有时候一时难以用语言表达的，用形体表达了，用表情体现了，学生会感到更亲切、更自然，作用也更大。

“很好” “谢谢” “请坐” 多了

大胆地、充分地表扬和肯定学生，热情地、诚恳地感谢学生在教学活动中的积极配合，你所得到的必然是学生的积极性和主动性的充分体现。

山西省举办中小学教师课堂教学技能竞赛，我听了 44 位高中老师的课，真叫人耳目一新。可以看出，随着教育改革的深入发展，广大老师的教育观念与教学思想也发生了明显变化，突出的表现是：对师生关系有了深刻理解，在教学活动中，对于学生的积极配合，老师都给予充分肯定，表示感谢。所有的课中，“很好”“谢谢”“请坐”等用语比以往明显多了。

按理说，对于学生的积极配合给予肯定，表示感谢，每个老师都应做到，也都能够做到。但是过去为什么没有做到？不是做不到，而是不想做。究其原因，出在陈旧的师生关系上。老师高高在上，没有把自己看作是教学活动中的一员，更没有感觉到自己是为学生服务的，不理解学生渴求表扬和希望被尊重的心理，对于学生的积极配合认为是理所当然，表现得不屑一顾。

教学过程是以学生为主体的师生共同活动，老师的主导作用是激励，是引导。激励、引导的方法很多，而及时肯定和真诚感谢是取得学生积极配合的最好方法。有经验、懂心理的老师都知道，老师的主导作用并不主要表现在知识的拥有上，而主要体现在调动学生的积极性和主动性上。充分肯定，能激发学生的自信心，使学生从老师的肯定中确立“我能行”的勇气，保持跃跃欲试的求知欲望。表示感谢，能缩短师生之间的距离，使学生感受到对自己的尊重，从而产生对老师的亲近感。学生一旦有了自信心，对老师有了亲近感，主体地位和主动精神就有了基础，就会克服一切困难学好老师所教的学科。

在学校，真正的主人是学生。所有的教工和活动都是为学生的全面发展和健康成长服务的。研究学生、了解学生、尊重学生、服务学生，是每个老师应有的教育观念。

走下“师爷”的位置，放下老师的架子，大胆地、充分地表扬和肯定学生，热情地、诚恳地感谢学生在教学活动中的积极配合，你所得到的必然是学生的积极性和主动性的充分体现。不要吝啬表扬，学生敢举手、敢站起来说话，这是一种可爱的勇气，即使说得不对也要肯定。说对了的那就更应该大加表扬。

不要怕降低身份，失去威严。老师感谢学生是一种尊重人的可贵品质，所得到的必将是学生对你的尊重。

一位导游的启发式教学

问题提得简明、扼要、形象，能激起学生的强烈兴趣，让学生记得住、忘不了，这就是启发式教学或问题导学。

多年前，在浙江省金华市的一次旅游，留给我深刻的印象，至今不能忘怀。

旅游车上，导游介绍说今天我们要去的黄大仙庙，有三个特点：红墙，院的围墙是红颜色的；黄瓦，房顶的瓦是黄颜色的；大石头，庙的大殿里供奉着一堆大石头。为什么是这样？讲解员会详细介绍的。

下车后，我发现很多“游友”争先恐后地向讲解员追问原因。讲解员把大家集中起来解释说：黄大仙原本是当地的一位放羊人，他最大的本领是指石为羊。许多穷人找他给予接济，他便指石为羊，告诉穷人牵回羊好好养殖便能走出困境。他去世后，人们为了纪念他，集资修庙，把他看得像皇帝一样尊贵。所以，像北京的故宫一样，院的围墙是红的，房顶的瓦是黄的，正殿的大石头，一个个都像羊的造型，那是当年黄大仙点化而成的。

小导游真聪明，为了激发游客的兴趣，先提出三个问题。为了调动大家思考和想象的积极性，又不回答这三个问题，而是等待讲解员解释。

返回住地的路上，让我兴奋不已的不是黄大仙庙，而是聪明的导游。红墙、黄瓦、大石头，既是黄大仙庙的三个特点，也是黄大仙庙的三个重点，归纳得简明、扼要、形象，让人记得住、忘不了，这不就是启发式教学或问题导学吗？如果我们的老师也能这样做，那该有多好！

一节收放自如的课

做到收放自如的主体是老师，为此，老师需要在两个方面修炼自己。第一是对教材，要吃透教材，把握教材，使用教材。第二是对学生，要细心、耐心、有爱心。

前不久，听了一位老师的课。评课时，大家一致认为“收放自如”是这节课的明显特点。

教学活动中，老师什么时候放，什么时候收呢？这位老师的做法是：课的前半部分要放，课的后半部分要收，给学生一个完整的知识结构；启发学生思考、组织学生讨论时要放，自己总结时要收，给学生一个明确的概念；学生发言时要放，学生发完言要收，给学生一个具体的评价。

听了这位老师的课，我想了很久，也想了很多。我想，做到收放自如的主体是老师，为此，老师需要在以下两个方面修炼自己。

第一是对教材，要吃透教材，把握教材，使用教材。所谓吃透教材，就是全面理解，不是一知半解，不是囫囵吞枣，要变书本的为自己的；所谓把握教材，就是知道重点是什么，难点在哪里，如何处理好重点与一般的关系；所谓使用教材，就是要做教材的主人，不做教材的奴隶，不照本宣科，不照猫画虎，而且能在深度开发的基础上使用教材。

第二是对学生，要细心、耐心、有爱心。所谓细心，就是要关注每一个教学环节，关注每一个学生，根据学生的反馈信息调整自己的教学内容与方法，要以变应变，而不能以不变应万变；所谓耐心，就是要耐心对待每一个学生，不要怕失败，不要怕挫折，不要怕逆反，精诚所至，金石为开；所谓有爱心，就是要关注每一节课，关爱每一个学生。常香玉老师说：戏比天大，观众是上帝。我要说：课比天大，学生是上帝。有了爱心，你不仅会有动力，而且还会有方法。

说 “问题导学”

“问题导学”打破了老师“一言堂”“满堂灌”“独角戏”等一统天下的模式，所有学生都有事情做，都得开动脑筋思考，都能得到展示机会，因此每节课都有收获。

最近，观摩了一种叫“问题导学”的教学方法的课，大体步骤是：老师提出问题，学生自学讨论，然后是学生展示，学生与学生或老师与学生经过互动，达到解决问题的目的。

通过观摩，我对“问题导学”持肯定的态度，具体理由有三：

一是它符合人类的认识规律。人类社会是在不断遇到问题、不断解决问题的过程中发展的。一个人也是如此，也是在遇到问题、解决问题这样一个不断反复的过程中发展的。其实，课堂教学就是学生遇到问题、解决问题的过程。“问题导学”符合人的认识规律。

二是它打破了老师“一言堂”“满堂灌”“独角戏”等一统天下的模式。从“问题导学”的程序和环节上看，老师的主要任务是设计问题，观看学生展示，引导学生讨论与思考，在学生思考、讨论、展示的基础上做出结论。学生思考、学生讨论、学生展示占据了大部分时间，学生的主体地位得到了落实。老师引导、老师点拨、老师评价虽然用时不多，但画龙点睛，老师的主导作用得到了体现。

三是所有学生都有事情做，都得开动脑筋思考，都能得到展示机会，因此每节课都有收获。除收获知识外，更重要的是收获自信。有了自信，就会收获更多的知识，解决更多的问题。

“问题导学” 的重点是问题

“问题导学”要达到的目的，一是激发学生的学习兴趣；二是让学生主动去寻找解决问题的办法和最终的答案；三是培养学生独立思考和敢于创新的意识。

“问题导学”的重点是问题，这是老师主导作用的集中体现，也是“问题导学”这一教法能否坚持下去、取得成效的关键。

“问题导学”要达到的目的，一是激发学生的学习兴趣；二是老师提出问题，让学生主动去寻找解决问题的办法和最终的答案；三是通过老师的“导”和学生的“学”，培养学生独立思考和敢于创新的意识。

如何设计并提出问题呢？

就中小学生来说，问题的设计有两类：

一类是基本问题，即基础知识、基本能力。这一类问题来源于课程学习目标，教材有明确的答案，并且在本节课要学习的内容里就可以找到。这种问题的设计，适合于低年级的学生和基础较差的学生，适合于数学、物理、化学及文科中难以理解的内容。

一类是探究性问题，即开放、挑战性问题，需要独立思考，加以探究。这一类问题是老师为了激发学生而精心设计的，目的在于调动学生的积极性。问题来源于一个单元（模块）甚至更大的范围，教材内容里没有直接、明显的答案，需要学生在独立思考的基础上大胆质疑、相互讨论，要求学生对基本问题有比较全面、深刻的领会。这种问题的设计，适合于高年级学生以及基础较好的学生，适合于经过独立思考和老师点拨可以理解的教学内容。

从老师自身条件、学生实际和学科特点出发灵活设计问题，是“问题导学”的灵魂。既坚持改革的方向，又坚持从实际出发，是我们应遵循的原则。

关于“产婆式教学法”的思考

一个新生命的降生，一个知识结晶被学生接纳，都是曙光的到来。每个老师都应像助产士那样：温柔、善良、耐心，并且善于引导。

近日看资料，苏格拉底曾经提出一个“产婆式教学法”的观点。乍看，难以理解，教学怎么能和生孩子连在一起呢？细想，有道理，教学就像生孩子一样。当助产士帮助产妇生下孩子，一个小生命降临人间的时候，所有的人都会为之欢欣鼓舞。当老师把人类长期实践总结出的某个知识结晶教给学生，又被学生所理解的时候，老师与学生都会兴奋不已。这样看来，老师教学与助产士助产都有一个共同的目的，那就是迎接曙光的到来。

产妇生产时的主要心理状态是压力大，有恐惧感。需要助产士真诚的安慰和耐心的引导，帮助产妇减少压力，调动产妇的内在因素，才可以顺利生下孩子。如果助产士态度冷淡，动辄训斥，只会加大产妇的压力，增加生产的困难。

教学也是这样。任何一个学生在任何一个新知识点面前，也有压力，也有恐惧感。因为他们未曾接触过，担心不理解。成年人都有这样的感受：当做一件我们未曾做过的事，学一个我们未曾学过的东西的时候，我们也有压力，担心做不好，学不会。中小学生更是这样。如果老师态度生硬，方法简单，只会加大学生的心理压力，对教学是十分不利的。

所以，我们应该从“产婆式教学法”中受到启发，在教学活动中首先要消除学生的心理压力，让学生保持一个平静的心理状态。心理学研究表明，一个人在紧张的心理状态下与平静的心理状态下，接受与理解的程度是大不一样的。前者使人的思维受到压抑，而后者则可以使人豁然开朗。当然，攻克知识难关从根本上来说是需要吃苦的。但是，这种苦不是老师强加给学生的，而是学生自觉自愿产生的。只有这样，才算调动了学生的主动性与积极性，学生才会做到刻苦学习，也才能体会到苦中有甜，先苦后甜。

愿我们的每一位老师都像助产士那样：温柔、善良、耐心，并且善于引导。

许老师的“秘密武器”

老师要把能量消耗在课下，精心备课：琢磨学生的心理活动，探究学生的认识规律，寻找学生可以接受的语言。

我是在16年前认识许老师的。当时他在一所中学任物理老师，我在教育行政部门工作，下乡到他任教的学校，我们相识了。

校长向我介绍说，许老师是全地区物理教学的权威。他的课轻松、活泼，再抽象的概念，经他一讲解，多数学生都能理解，人们都说他有“秘密武器”。

“秘密武器”引起了我的好奇，我决定听许老师的物理课。两节课后，许老师讲授的内容即使我这个学中文的也懂了八九分。课后，我问许老师：“人们都说你有‘秘密武器’，这个武器到底是什么？”许老师笑笑说：“哪有什么‘秘密武器’，我只是注重备课罢了。”原来重视备课是许老师的“秘密武器”。

任何一位老师上课前都要备课，但备什么、如何备却差别很大。许老师说他备的是“学生”，课前，要细心琢磨学生在老师和新知识面前的心理活动，消除学生的恐惧感和紧张压力，使学生能在平静的心理状态下听老师的课；要琢磨学生的认识规律，用学生可以接受的话讲解，把抽象的概念具体化、形象化。许老师说：“教材是相对固定的，但学生是变化的。特别是学生的心理活动随着实际情况而变化，比如老师的态度、课堂的气氛、知识的难易、教学的方法等，对学生来说都是很敏感的问题，都会诱发他们一系列心理活动。所谓精心备课，就是把这些统统加以考虑。”据校长说，虽然许老师担任物理课教学已经二十多年了，教材内容也已经滚瓜烂熟了，但在备课上从不含糊。讲一节课，他最少要用两个小时的时间去备课。

有人说，老师的能量消耗应该在课堂下，学生的能量消耗应该在课堂上。许老师做到了，所以他的教学效果很好。我想，这就是他的“秘密武器”。

不要把提问当作惩罚手段

学生不苛求老师有广博的知识，但渴望老师尊重学生的人格。

提问的目的是激发学生的学习兴趣，引导学生学会思考，检验学生的理解程度，根据信息反馈，及时调整教学内容、教学进度和教学方法。这是老师们普遍使用的一种教学方法。

但是，有的老师却把提问当作一种惩罚手段。比如，明明看到有的学生在打瞌睡或思想不集中，偏偏叫他站起来回答一个突如其来的问题，闹得学生懵懵懂懂、张口结舌、面红耳赤，让其下不来台，学生敢怒而不敢言，只得把怨恨的情绪埋在心底。还有的老师对回答不出问题或答非所问的学生，表情冷淡，缺少关爱，甚至讽刺挖苦，连一声“坐下”也懒得说，闹得学生坐立不安，心惊肉跳，大出其丑。迫于老师的“威严”，学生只能敬而远之。

平心而论，老师通过提问惩罚学生，用心是好的，本意是为了让学生精力集中，注意听讲，但效果往往适得其反。因为它伤害了学生的自尊心，尤其使他们在同伴面前自尊心受到伤害，这种伤害的种子是会埋得很深很深的。

经验丰富和懂得学生心理的老师，从不把提问当作惩罚学生的手段。他们知道，比知识更重要的是学生的自尊心和自信心。所以，精心呵护学生的自尊心，努力激发学生的自信心，是他们教学过程中普遍遵循的一个重要原则。对于回答正确的学生，他们总是热情、诚恳地加以赞扬，表示感谢，如一股暖流流进学生的心田，成了学生努力向上的动力源泉。对于回答不出问题或答非所问的学生，他们从不让学生尴尬，有时通过耐心启发让学生做出正确回答，有时运用几句巧妙的话化解学生的困境，保全学生的面子。无论遇到何种情况，老师都要表示感谢，给学生以鼓励，让学生通过老师的语言和表情体验到关爱与亲情，同样成为他们奋发向上的动力源泉。

学生不苛求老师有广博的知识，但渴望老师尊重学生的人格。中小学生的自尊心和自信心犹如刚刚出土的幼苗，需要精心呵护，千万伤害不得。

有感于不订教学参考书

教学活动是一个动态过程，不可能按照一个模式、一个标准去进行。

山西省忻州一中校长王彦炯决定不为每个老师都订阅教学参考书，全校只订购几册存放在图书馆供参考。至于每位老师的教学参考用书，由个人去搜集、筛选、整理。同时决定，鼓励老师著书立说，确有出版价值的，学校出钱资助出版。

我为王彦炯校长的决定拍手叫好，因为这是一个具有远见卓识的创造性决策。

由此，我想起了一位中学生曾经向我说过的一段话："一个偶然的机会，我拿到了一本语文教学参考资料。我发现课堂上，老师讲的和参考资料完全一样。要是这样，我也能当一名中学老师。"

你看，这样的老师在学生的心目中谈何威信？教学活动还谈什么创造性？

教学活动是一个动态过程，不可能按照一个模式、一个标准去进行。优秀的课堂教学之所以优秀，主要体现在任课老师能够从实际出发，根据教学内容和学生变化的情况，不断地调整内容，激励学生，使学生始终保持旺盛的求知欲。忻州一中取消了统一的教学参考书，把老师“逼上梁山”，让老师去思考、去设计、去创新，目的在于尊重老师的主导作用，使课堂教学百花齐放，更具有创造性，从而尊重学生的主体地位，使学生变被动学习为主动学习。鼓励和资助老师著书立说，不仅是个经济实力问题，更重要的是一个勇气和胆识问题。著书立说不是一件易事，而恐怕是人世间难度极大的事情之一。忻州一中为什么要资助老师著书立说？还是要把老师“逼上梁山”。写书的过程，是一个学习、思考、总结、研究的过程。一位老师，如果能一边教学，一边研究，把实践的经验、教训总结出来，对自己是提高，别人也可以借鉴，这就是教育、教学的科研成果，这就是向认识客观规律靠近，坚持下去，将会成为一个优秀的老师。

据说忻州一中的实践效果颇佳，课堂教学活跃了，一些老师出了专著。忻州一中能够做到的，其他中学也应该能够做到，关键在于校长要有胆识，老师要有勇气。

课堂提问的艺术

提问的目的在于激发兴趣，启发思维，培养勇气。

山西省中学语文教学研究会在某次年会上，专门安排了四位老师讲公开课，其中一位青年教师的课给我留下了深刻印象。

这位青年教师的课对我启发最大的是课堂提问。听课的54位学生，有28位学生长短不一地回答了老师的提问，占一半以上。对于回答正确的学生，他总要及时肯定，态度显得那样真诚、热情。对于回答错误的学生，他又是那样平静而耐心，纠正后，总要安慰几句。其中对于一位同学的安慰十分耐人深思。他说："回答问题是一种挑战。敢于站起来，是勇气和自信的表现，它比对一个问题做了正确的回答更重要。"对于站起来突然哑口无言的学生，他显得那样和蔼、善良，其中对一位同学说的话就充满了高超的教育艺术。他说："你一定是想好了如何回答，但一站起来又紧张了。人都有这种情况，我上中学时就经常出现卡壳，这不怕，子弹在我们手里，总是有用的。"老师还有回答不来的时候，何况学生呢！这样既解除了这个学生的尴尬，又教育了其他同学。听完这位老师的课，我像吃了一顿可口的饭，享受到了课堂提问的艺术美。

老师的课堂提问是一种手段，它要达到的目的，一是激发学生的兴趣，让学生有一种好奇心，产生求知欲望；二是启发学生的思维，让学生在老师的引导下积极、主动地学会想问题，调动学生的内在动力，使之自觉地参与到教学活动中来；三是培养学生的勇气，让学生敢想、敢说，为将来勤于实践、敢于创新奠定一定的基础。

课堂提问也有艺术，艺术的主角是老师。这种艺术是紧紧围绕两个方面展开的：一方面是老师要热情、诚恳、善意地对待每一位学生，不要把提问作为一种惩罚手段，更不能因为学生一时回答不出问题而训斥甚至体罚学生。理解学生的心理，尊重学生的人格，保护学生的自信，是至关重要的。另一方面是老师提的问题要有启发性，有利于激发学生积极思维。如果满足于“好不好”“是不是”“对不对”等，听起来热闹，实际上是一种表面现象，并没有起到提问的作用。

作业批改的一次革命

批改作业是老师与学生不见面的交流。

学生对老师的一句话或几个字看得都很重要，它能影响学生的一生。

许多老师在作业批改上进行改革，归纳起来主要有三个方面。第一，不对做错的题打“×”，代之以提示性的语言。比如，由于粗心大意错了的，提示道“细心点，相信你会做对的”；由于概念不清错了的，提示道“只要理解概念，你一定会做正确的”，等等。第二，根据需要，不时地加以鼓励。比如，对全部正确的作业，鼓励道“好”“真棒”；对书写工整的作业鼓励道“书写真漂亮，看你的作业简直是一种艺术享受”等。第三，特别关心学习有困难的学生，错了的帮助他们分析原因，对了的及时肯定“有进步，我真为你高兴”，等等。

我认为这是作业批改的一次革命，是教育观念更新的必然结果。

习惯的做法是对错误打“×”，现在是在错了的地方简单写出原因并且鼓励学生，只要努力，是一定可以做对的。虽然分析原因并书写出来要比打“×”麻烦得多，但它的作用却是显而易见的。这种由原来的面对作业到现在的面对学生，是一个质的转变，它说明老师的心里装着学生。正像一位老师说的那样：“批改作业，是老师与学生不见面的交流，千万不能伤害了学生的自尊心与自信心。我不想在作业本上打‘×’，生怕在他们幼小的心灵里留下一点阴影。”

用表扬、鼓励的话代替批评、指责的话，是符合学生心理特点的教育艺术。学生对老师的一个表情都看得很重，对老师肯定的一句话或几个字看得更重。须知，有时候老师关键的一句话会转变以至影响到学生的一生。尤其是对那些学习一时有困难的学生，老师善意的肯定会维护他们的自尊心，激发他们的自信心，从而使他们在原来的基础上有所提高。

批改作业是与学生的一种交流。学生需要的是帮助、引导、鼓励与表扬。愿我们的老师都在批改作业上来一次革命。

什么是好的课堂教学秩序？

课堂教学活动中，参与的人越多越好，说话的人越多越好，这样的课堂秩序说明学生的主动精神被调动起来了。

《德育报》记者采访完一位语文特级教师后，想听这位老师的一节课，老师欣然同意了。课堂上，语文老师说："昨天老师备课时，觉得我们今天要讲的这一课有点长，是不是可以压短点。谁来压呢？同学们自己。一个人独立思考也行，几个同学相互讨论也行，压一个字也行，压一句话也行，压一个段落也行。但是压缩后，请你认真读一读。第一，通顺不通顺，不要因为压缩了而不通顺；第二，有没有损害了文章的中心思想，不要把最关键的词句和段落压掉了。现在我们开始压缩课文。"

记者静静地坐着，语文老师这里走走，那里看看，有时和同学们讨论，有时静静地听着同学们的讨论。课堂气氛非常热烈，每个同学都开动"机器"思考着、争论着。两节课基本上是同学们在活动，"乱"得不可思议。临下课还有两分钟，老师总结说："同学们都非常认真地在压缩课文，大家从各种不同的角度压缩，并且都有一定的道理。压缩课文不是我们的目的，理解课文才是我们的目的。压缩得对不对我们可以继续讨论，既然压缩了，说明你们已经理解了。理解了，我们就不讲了，下课。”

我们的记者开始不理解：两节课就讲了那么几句话，这叫什么特级教师？但是认真一琢磨，突然意识到，老师讲得就是好，这才叫特级教师。

这位老师的课好在哪里？好在他尊重了同学们的主体地位，调动了同学们的参与意识，学生真正成了学习的主人。

习惯上，我们总觉得学生循规蹈矩，教室里鸦雀无声才是好的课堂教学秩序。其实并非完全都应该如此。老师讲解时，学生当然应该集中精力，安静地听讲；要学生自由发挥时，参与的人越多越好，说话的人越多越好。这样的课堂秩序说明学生的积极性被调动起来了，真正参与了教学活动，这才是我们的教学取得良好效果的关键所在。

精心设计每节课

让学生在学习中学会学习，自己掌握打开知识大门的钥匙。

我在美国的一所中学听了一节美术课。老师先安排一半学生写生预先准备好的一个花瓶，又让另一半学生修改前一半学生前一次美术课的绘画。我发现，修改同学绘画的这一半学生迟迟没有动手，凝视着小伙伴的作品静静地思考着，直到后半节课才动手修改。

下课后，我问美术老师为什么这样安排？为什么不让所有同学都画那个花瓶？美术老师说："对学生来说，修改小伙伴的作品要比他自己写生一个花瓶困难得多。为什么要修改这个地方？如何修改？他是需要认真思考的。这样对他们锻炼更大，提高更快，这是第一点。第二，老师请他们修改其他同学的作品，他们会从内心产生一种对老师的亲近感和信任感，有利于激励他们的自信心。"

我听了美术老师的话，感触颇深。虽然这只是一节课的例子，但是他精心设计了。既然精心了，他必然得到丰厚的回报。

他知道，教学活动是一种师生之间的情感交流。只有当学生对老师怀有崇敬的亲近感的时候，老师的讲解才能为学生所接受。

一位著名的老教授曾经说：“每一次上课，我都看作一次重大的活动，都要做精心的准备。”老教授尚且如此，中青年老师更应该精心又精心了。时代在发展，教学内容、教学对象、教学手段也在变化，把学生当作“知识容器”，使用一成不变的“我讲你听”的教学方法，显然已经不适应了，精心设计每节课就成了时代的呼唤。

精心设计每节课，大力改革教学方法，核心点是学生。不论采取何种教法，都要建立在老师对学生真诚的爱的基础上，都要尊重学生的主动精神，调动学生的参与意识，让学生在学习中学会学习，自己掌握打开知识大门的钥匙。

伍　关注学生心理

AI DE YIZHAN

人的心理活动会影响到人的认识效果。情绪好不好，兴致高不高，自信心强不强，都与人的心理活动有关。无论老师还是学生，良好的心态都是成功的关键。关注学生的心理健康，及时帮助学生排除心理障碍，是学生健康成长的需要，也是自己专业成长的需要。

善待 “顶牛”

“顶牛”是逆反心理的表现。如果能做到热情、诚恳、和蔼，学生的自尊心得到了爱护，接受老师的教育就会顺理成章。

在美国一所中学的教导处，我用两个小时观察了他们的工作情况。落座后不久，先后进来七个学生，最后进来的是一个女学生。只见她满脸怒气，不管是不是外国人，一屁股就坐在了我旁边。

教导处一位四十开外的女士，逐一问询了六个男生昨天没有到校的原因，并让他们回班上课。然后，她从容地从座位上站起来，热情地坐在女同学旁边，右手搂住女同学的肩膀，轻声地问道：“宝贝，昨天什么事情影响了你到校上课？”这时再看女同学的脸，已经多云转晴了。女同学告诉她，昨天回家时，几个男学生有意撞倒了她的自行车，致使她大腿受伤，到医院包扎影响了上课。女士做了一个同情的表示，关心地问道：“伤得重不重？我可不可以看看？”女同学唰地把裙子拉上去，果然左腿有纱布包着。女士又问：“今天要不要看医生？”女同学说不需要，可以上课了。女士说：“要不要我陪你回教室?”女同学说不需要。最后，女同学满脸笑容，高高兴兴地离开了教导处。

事后我想，中小学生思想单纯，很少顾忌，一般情况下他们是敢于承认错误的。为什么又经常出现“顶牛”现象呢？第一个原因是他们没有错，或者主要责任不在他们身上。第二个原因是真的错了，但在同学面前或者在威严的老师面前，顾全面子，不予承认。

所以，善待学生“顶牛”，重要的是老师的态度。如果能做到热情、诚恳、和蔼，学生消除了紧张、记恨、逆反的心态，即使真的做了错事，也会大胆承认。同时，和学生谈话，特别是帮助、批评的谈话，一定要在师生两个人之间进行。学生的自尊心得到了爱护，接受老师的教育就会顺理成章。

女老师摔倒之后

人都有自我调适的能力。作为老师，一定要把握哪些事情应由学生自己调适，哪些事情老师应予以协助。这样做的目的只有一个——维护学生的自尊心。

一则故事说，女老师穿着高跟鞋急匆匆走在前面，显然是怕误了上课。不料，因刚下过小雨路滑，女老师摔倒了。跟在后面的老教授与助手看见了，助手想上前搀扶摔倒的女老师，老教授拉住了助手，阻止了去搀扶她。女老师爬起来，拍打了一下裤腿，继续急匆匆地向前走去，好像谁也没有发现，什么也没有发生。

助手问老教授：为什么不可以前去扶起女老师？老教授说：我注意到，这位老师只是轻轻滑倒在地，并不严重。如果被人发现，她会觉得很难堪，甚至自尊心受到伤害。

人就是这么奇怪：有时候、有些事，特别希望他人了解、同情、支持、帮助；有时候、有些事，又特别害怕他人了解、同情、支持、帮助。这种自相矛盾的心理现象老师有，学生也有，掌握和适应这种心理现象，是需要细心观察、认真研究的。比如，有的老师在班里为家庭贫困的学生募捐，却遭到该学生的拒绝；有的老师在同学面前表扬了一个做事失败的学生，这个学生却非常不满；有的老师苦口婆心地说教学生，学生却毫不领情……应该说，老师的心都是好的，但效果并不好。为什么？因为他没有走进学生的心里，不了解学生的内心世界。

人都有自我调适的能力。作为老师，一定要把握哪些事情应由学生自己调适，哪些事情老师应予以协助。这样做的目的只有一个——维护学生的自尊心。

他为什么要这样？

人不能没有自信，没有自信就没有上进的勇气；人的自信不能受到伤害，伤害了就会影响人的成长发育。

再有一年，李刚就要初中毕业了。两年的初中生活，李刚是默默无闻地走过来的。没有领过一张奖状，没有受过一次表扬，没有参加过任何有兴趣的活动，没有老师找他谈过话。老师们对他的评价是“性格内向，缺乏热情，但不惹是生非”。同学们对他的看法是“和谁都没有争执，平平和和，像个小老头”。但是，有一天，突然出现了震动全班的新闻。黑板上工工整整写了两行大字：今天下午课外活动时，李刚举办独唱音乐会，欢迎大家前来聆听。

班主任老师大吃一惊：这是李刚自己所为，还是别的同学捉弄李刚？同学们大吃一惊：从来没有唱过歌的李刚竟然要举办个人独唱音乐会，他是不是病了？

班主任老师找到李刚问黑板上的“公告”是不是他写的。李刚说是他写的。班主任老师又问他是不是真的要举办个人独唱音乐会。李刚说："我其实会唱歌，只是没有机会唱。我并不是要搞独唱音乐会，只是想告诉同学们我会唱歌。"恶作剧，典型的恶作剧。班主任老师被气得火冒三丈，但是他忍住了。他在想：李刚为什么要这样？是李刚错了，还是自己错了？独唱音乐会自然没有举办，李刚也没有受到批评，大家相安无事。

中小学生具有自我表现的强烈愿望。尤其在同学面前，他们把这种愿望看成一种自尊，一种自强，一种需要。满足了，他们会兴高采烈，充满自信；满足不了，他们便会情绪消沉，失去自信。时间长了，前一类学生由于充满自信，对任何事物和活动都显得积极主动，所以在各个方面都得到了锻炼和提高。后一类学生由于缺乏实际锻炼，特别是缺少成功的体验，所以自信心不定，有的可能平平淡淡地度过学生生活，有的可能寻找机会，释放长期积压的自我表现欲望。我想，李刚就是属于后一种情况。

作为老师，要给每一名学生创造条件，充分为学生提供自我表现的机会，使学生在实践中增强自信心，通过实践得到提高。给小树浇水，是为了让树根向更深、更广的地方延伸，自己去找需要的水分，因为这样的小树才可能长成参天大树。给学生自我表现的机会，犹如给小树浇水，是在培植强壮的自信之根。因为有了自信，学生这棵小树才可能茁壮成长。

树不能没有根，没有根不可能成活；树根不能受到伤害，伤害了会影响树的成长。

人不能没有自信，没有自信就没有上进的勇气；人的自信不能受到伤害，伤害了就会影响人的成长发育。

当学生没有考好时

考试的目的是为了向前看，而不是向后看。

我的外孙刚上小学一年级。第一次考试，得了 4 分。回家后，他一本正经地对我说："这一次没有考好，我想把中队委的臂章交回老师，因为中队委是学习好的同学才当的。"我拿过试卷一看，毛病出在一个字的笔顺上。面对天真无邪的孩子，我尽可能用他能理解的话说："第一，老师严格要求，是为了你好，应该感谢老师；第二，4 分也是好成绩，继续努力，你会拿到 5 分的；第三，中队委是帮助老师为同学们办事的，谁也可以当中队委，谁也能够当好中队委，你要有信心，老师肯定是相信你的。"表面上看，他好像听懂了。但是通过表情看内心，他还是高兴不起来。整整一天，他都是闷闷不乐，很少说话。

这件事促使我想了许多。

考试是教学过程中经常进行的一种活动，它的目的一方面是督促、检验学生的学习，让学生知道对已学知识的理解、掌握情况，以便继续努力，进一步学好。另一方面也是督促、检验老师的教学，让老师知道对于已经传授的知识，学生哪些理解、掌握了，哪些没有理解、掌握，表现是什么，原因在哪里，以便进一步采取措施，加以改进。总之，考试无论对学生还是对老师，都是一种督促和检验，它的目的是为了向前看，而不是向后看。

所有学生参与考试都想得到好成绩，学习优秀的同学是这样，学习暂时困难的同学也是这样。当他们由于各种原因没有考好的时候，其实他已经在内疚、在反思、在自责，此时，他们需要的是理解、同情、关爱和鼓励。作为老师，应该与学生一起分析哪里错了，为什么错了，如何改正。如果需要和蔼的时候遇到的是训斥，需要鼓励的时候遇到的是冷淡，无异于雪上加霜，必将造成教育的失败。

谈话时眼睛要看着学生

谈话时眼睛要看着学生，让学生从老师的眼神中感受到理解、同情、关爱与亲情。

谈话时眼睛要看着学生，这是一个很奇怪的命题，谁不知道说话时要看着学生？然而，这却是我做校长时印象最深的一点体会。

有一年，教师职称评审会整整开了两天一夜，我这个当主任的精疲力竭，回到办公室刚想躺一躺，“咚咚咚”一阵敲门声，进来的是一位没有通过评审的老师。我硬撑着坐到办公桌旁，拿起一张报纸一边看，一边听着他的诉说。末了，我虽然说了许多安慰、鼓励的话，但是由于带着情绪，我没有看这位老师一眼。过了几天，另一位老师向我谈了他对那一次谈话的看法，我接受了他非常婉转的批评。

由此我想到，无论老师还是学生，人人都有自尊心，谈话时眼睛一定要看着对方。

眼睛是心灵的窗口，所有的情与爱、愤与恨都集中表现在眼神上。老师与学生谈话，是师生之间通过眼神所进行的心灵交流。透过眼神，学生可以体会到老师的关爱、理解与同情，可以觉察到老师的忧虑、不安与担心。可以说，老师对学生的全部希望，都是发自内心的语言伴随着诚恳的眼神流入学生的心田的。

老师与学生谈话，从内容上说大体有两类：一类是表扬鼓励的，一类是批评帮助的。对于前一类，由于是在心情愉快的氛围下进行谈话，老师是不会吝啬感情的。问题往往出在后一类谈话，相当一部分老师由于情绪激动，或者对学生不屑一顾，或者对学生怒目而视。在这样的情况下，学生得到的不是和蔼的教诲与亲切的关爱，而是心灵的创伤，其效果是可想而知的。

谈话时眼睛要看着学生，让学生从老师的眼神中感受到理解、同情、关爱与亲情。

邻居的小孩急着要上学

学生感受到学校是自己的乐园的时候，就是办学成功的时候。

邻居的小孩六岁了，整天吵着要上学。特别是看到小朋友背着书包上学或下学时，脸上充满了羡慕的表情。

一天，他来我家玩。我教他写名字，他非常自信地说早就会了，并且用特有的笔顺和字体写出了他的名字。我问他为什么想上学，他说：上学可以有新书包、新玩具，认识新朋友，好玩。天真无邪，童心无欺，这就是他急着要上学的目的。

静下来想，小孩第一次上学的目的是很单纯的，一是新奇，二是好玩。问题在于如何让学生的新奇感长期保持下去，成为他们愿意上学、乐于学习的一种动力；如何让学生通过玩学到知识，增长才干。眼下不少学校开展的“快乐教育”，我想就是对这些问题的实践与探索。

只有新奇才有吸引力，只有新奇才能激发兴趣，只有新奇才能调动学生的主动性。当然，这里说的新奇不是离奇，而是遵循教育规律的创新。这就要求校长、老师和班主任具有创新的教育思想。

校长在办学指导思想上要有创新意识，在学校管理、教学工作、课外活动、家校联系、操行评定、文体竞赛等方面，要能不断提出新思路，放手让老师开展创新性工作。

老师在教学工作上要有创新意识，在教学内容、教学方法、教学手段、考试办法、作业批改、成绩评定等方面，要能不断更新，使学生有一种新鲜感。人们吃饭尚且需要不断改变花样才能引起食欲，教学活动是给学生补充精神营养，同样需要不断更新观念、变换方法，使学生感受到上课是一种精神享受。

班主任在班级工作中要有创新意识，在教室布置、座位安排、干部使用、班会队会、课外活动、各种评比、操行评语、家长联系等方面要不断求新，各种活动要让学生喜闻乐见，愿意参与。中小学生自我表现欲望很强，班主任要为每个学生创造条件，提供机会，让他们得以表现。对于学生的表现，要充分予以肯定，使他们感受到“我能行”，体验成功的喜悦。

学生感受到学校是自己的乐园的时候，就是办学成功的时候。

老师应该知道学生的心理追求

要悦纳学生渴望实现自我的心理追求，诚恳地给予肯定。要为学生创造展示自我的机会，满足他们自我实现的心理需要。你诚心诚意的肯定越多，学生的健康成长就越有保证。

每个人有每个人的追求，都期盼有丰厚的物质生活和淳朴的精神生活。同时，每个人还有各自的心理追求。虽然从广义上说心理追求属于精神追求，但是人的心理追求有着它的特殊性。尤其对中小学老师来说，了解并把握学生的心理追求，具有更深层的意义。

处于成长阶段的中小学生有着什么样的心理追求呢？尽管程度不同，表现各异，但其相同的是敢于表现自我，渴望实现自我。他们精力旺盛，朝气蓬勃，富于幻想，争强好胜，追求新奇。正因为如此，一方面他们勇于表现自己；另一方面得不到表现或表现失败，又会引发出一系列心理问题。一些学生身上表现出来的浮躁、攀比、嫉妒、自私、攻击、自卑、放弃等，都是在这种状况下产生的。这种心理表现是黎明前的黑暗、分娩前的阵痛，找到了产生的根源，也就有了解决的办法。

知道学生的心理追求，是为了矫正学生中某些不良的心理苗头，引导他们健康成长。这就需要老师的细心与耐心。老师能掏出一颗亲切和蔼的心，学生就会还你一颗真诚透明的心。同时，老师要为每个学生创造展示自我的机会，满足他们自我实现的心理需要；要悦纳他们渴望实现自我的心理追求，寻找其闪光点，诚恳地给予肯定。应当坚信，老师为学生提供的展示机会越多，老师诚心诚意的肯定越多，学生的健康成长就越有保证。

如何对待学生的逆反心理

逆反心理是鸿沟，分割了师生的感情。

维护学生的自尊心，诚心诚意地尊重学生，是根除学生逆反心理的最好办法。

造成学生逆反心理的主要原因是他们的自尊心受到了伤害。表现为对伤害他们的人在情感上是冷漠的，在行为上是抵制的，严重时情绪对立，甚至把对某位老师的不满转移到其所教的学科上。

由于老师的地位特殊，所以学生对老师的逆反心理和逆反行为通常是不会公开表现出来的。其主要表现是远离老师，对老师的话总是反其道而行之。不满情绪严重时，甚至会做出一些伤害老师形象的恶作剧。

学生的逆反心理应引起老师的特别关注，因为它是在老师并不完全了解的情况下存在和起作用的，老师无法及时进行帮助，因此它的危害性也更大。

人都有自尊心。中小学生的自尊心并不比成年人差，特别是当着小同伴的面自尊心受到伤害时，他们的不满情绪会比成年人表现得更加明显。因为无法和老师直接抗衡，所以就用天真的逆反行为来表示对老师的不满，安慰自己，求得暂时的心理平衡。

对于学生的逆反心理和逆反行为，重要的不是发现以后去纠正，而是从根本上去杜绝。既然学生产生逆反心理的直接原因不是学生而是他人，作为老师就要充分理解学生，理解学生这是保护其人格尊严的一种特殊形式。老师尊重学生，就是尊重学生的自尊心。当学生感到老师可亲、可敬、可爱时，就是老师获得丰硕教育成果的时候。

维护学生的自尊心，诚心诚意地尊重学生，是根除学生逆反心理的最好办法。

再说如何对待学生的逆反心理

要让学生听老师的话，老师首先要做出表率，使学生觉得老师可亲、可信。这不是语言的力量，而是人格的魅力。

中小学生与成年人不同的一个心理特点，是怕说他们小，怕把他们当不懂事的小孩子看待。事实上，虽然他们还很天真幼稚，但他们有自己的思维，对人、对事有自己的看法。加之他们敢于表现自己，所以总喜欢在父母、老师、同学面前表露自己的观点，一旦他们这一心理受到压抑，特别是遇到没完没了的唠叨时，就会产生逆反心理和逆反行为。

学生因此而产生的逆反心理虽然比因自尊心受到伤害而产生的逆反心理危害性要小，但也不可忽视，因为学生尚处在成长发育阶段，需要的是正确的引导。

有的老师和家长认为现在的孩子不听话，常常是说得越多越不听，甚至是反其道而行之，为此苦于无法，大伤脑筋。其实我们应该冷静地想一想：孩子能够独立思考是好事还是坏事？有自己的看法有什么不好？是不是自己的意见还有不周到的地方？这样想了就能少些急躁情绪，保持一个平静的心态。孩子是在实践中成长的，不可能完全按照家长和老师设计的方案长大。因此，要和孩子多交流、勤沟通，不要完全按照自己的意愿去要求孩子，孩子的意见正确，家长和老师也是应该接受的。

榜样的力量是无穷的。要让学生听老师的话，老师首先要做出表率，使学生觉得老师可亲、可信。这不是语言的力量，而是人格的魅力。

在引导学生成长的过程中，老师的话说得不要过多，但要说在关键处。这个关键就是做人应具有的道德品质、思想意识和为实现人生价值而刻苦学习的精神。“重锤敲响鼓”，老师关键的话对学生的一生都会起作用的。

三说如何对待学生的逆反心理

对于学生的逆反心理和逆反行为，堵不如疏。老师切不可动辄训斥，甚至体罚或变相体罚学生，那只会引起学生更大的反感。

中小学生好奇心强，喜欢模仿，越是不让他们做的事，他们越感到神秘，越想去试一试，这是他们产生逆反心理和逆反行为的第三个原因。

一位老校长向我讲述了他制止儿子玩火的故事。

儿子总是偷着玩火，道理讲了多少遍都不起作用。一天，儿子又背着人玩火，几乎闯出大祸，小同伴告诉了老校长。儿子回家后，老校长平心静气地把儿子叫到火炉边，让儿子把手伸向炉火，并且一次比一次靠近火苗，直到儿子说不行了，再靠近就要烧伤手的时候才停止。老校长告诉儿子："火是人类赖以生存的好朋友，它既可以煮饭、取暖、照明，给人类带来幸福，也可以烧毁房屋、烧伤人体、毁灭森林，给人类造成灾难，随便玩火是非常危险的。"儿子有了几乎被烧着的体验，点点头，似乎懂了。据老校长说，以后再没有发现儿子玩过火。

好奇和模仿是儿童的天性，从某个角度说，它是儿童获取知识、增长才干的一种动力。问题在于如何引导，如何把这种可贵的心理品质引导到健康的轨道上来。有的学校开展了许多课外活动，组织学生进行小创造小发明，参加书法绘画、社会调查等活动，既满足了学生的好奇和模仿心理，又使学生在实践中得到了提高。老师应该看到中小学生的这一心理需要，创造各种条件，让学生在更大的范围内经风雨、见世面。

对学生的逆反心理和逆反行为，堵不如疏。老师切不可动辄训斥，甚至体罚或变相体罚学生，那只会引起学生更大的反感。前面说的那位老校长的方法不一定是最好的方法，但它告诉我们，老师不能和学生“顶牛”，人的逆反心理和行为本来就是一种“顶牛”现象，如果老师缺乏耐心，简单对待、粗暴干涉，那只能使学生的逆反心理更加严重。

帮助学生克服自卑感

理解、同情、相信学生，是帮助学生克服自卑感的良药。

鼓励学生增强自信心，就会逐步减少自卑感。

自卑感是中小学生中常见的一种心理现象，它严重阻碍着学生的成长，老师要帮助学生克服自卑感。

造成学生自卑心理的主要原因来自客观方面。比如父母和老师的压力，使学生过度紧张；受过讽刺、挖苦或打击，遇事有恐惧感；遭受过失败和挫折，对做好某一件事信心不足；周围缺少同情、关心和鼓励的人；长时间自卑，长时间不敢表现自己，体验不到成功的喜悦；等等，长此以往，形成恶性循环，学生的自卑心理就会越来越严重。主观上分析，这些学生多数性格内向，不善交往，缺少不怕失败、不怕挫折的坚韧精神。

如何认识学生自卑这一心理现象呢？应该看到，自卑只是一种表现形式，其背后隐藏着强烈的自尊心。换个角度看，怕失败恰恰是自尊心的表现。他们是用不说话、不表现来避免“自取其辱”，维护自己的尊严。

帮助学生克服自卑感，首先老师要引导全体学生创造一个宽松的环境，使每个学生都能认识到：谁都会有成功的喜悦，谁也会有失败的痛苦，同学之间应该互相关心、互相鼓励，而不应该对学习一时有困难和行为一时有过失的学生讽刺、挖苦或歧视。一个互相理解、同情和鼓励的班集体，不仅有利于克服部分学生的自卑感，而且对于全体学生的健康成长都是重要的。同时，老师要有意为每一个同学都提供表现和锻炼的机会。对于有自卑感的学生，更要精心安排。比如课堂提问、集体活动、班会发言、各种竞赛等，都是极好的机会。学生一旦被老师重视了，特别是肯定了，自己体验到了成功的喜悦，就会逐步减少自卑感，增强自信心。有了自信，就有了成功的基础。

同学之间的相互评价是以老师的评价为依据的。老师对学生评价时一定要坚持正面鼓励和客观、公正的原则，如果从老师嘴里冒出“你真笨”“没出息”“我就知道你学不好”“你就不是念书的材料”等语言，就会像传染病一样传染给学生，不仅不利于学生克服自卑感，而且会在学生的心灵深处留下一块疼痛的伤疤。

理解学生、同情学生、相信学生，这是老师帮助学生克服自卑感必须具备的素质。

重视学生的兴趣

感性的兴趣与理性的目的是紧密相连的。兴趣是目的的基础，目的是兴趣的升华。兴趣是一种动力，是一种力量。

一位美国小学老师来我国参观访问。一天，他突然向一所小学的校长提出可否讲一节课。这可难住了校长：这位美国老师一句汉语都不会说，我们的学生一句英语也听不懂，如何交流？这位美国老师表示不需要说话，也不需要翻译。于是，一节课便开始了。

这位美国老师走进教室后，示意同学们先离开教室，让每四个同学成为一组，然后在每组的课桌上放了一只蜗牛，一盘牛肉，一盘粮食，一盘蔬菜和青草，一杯有盖的热水，一杯有盖的凉水。做好准备后，他又示意同学们进来。同学们走进教室，惊喜地发现桌上有这么多东西，特别是还有一只可爱的小蜗牛，高兴得忘了讲台上还站着一位外国老师。他示意同学们安静下来，然后做示范：先把蜗牛放在热水杯的盖子上，蜗牛爬来爬去，烦躁不安；再把蜗牛放在凉水杯的盖子上，蜗牛一动不动，静静地趴着。不用说话，同学们已经知道了蜗牛在温度过高的环境下是无法生存的，它需要一个适当的温度。然后，把蜗牛放在有肉的盘子里，蜗牛不吃；放在有粮食的盘子里，蜗牛也不吃；放在有蔬菜和青草的盘子里，蜗牛慢慢地小心地吃了起来。同样不用说话，同学们也已经知道了蜗牛吃的食物是蔬菜和青草。一节课没有说一句话，同学们明白了蜗牛需要的温度，蜗牛所吃的食物，而且是在活泼愉快、亲自参与的活动中增长了知识。

以上只是一个典型事例，并非要求我们老师都这样去做，许多课也不一定能够这样去做。但是，我们可以从这位老师的讲课中受到启发，对于中小学生来说，重视激发他们的兴趣是非常重要的。

我们成年人都有这样的体会：一旦对某件事产生了兴趣，就会克服一切困难去追求它，完成它。对于兴趣广泛的中小学生来说更是这样。一旦对某门课产生兴趣，他们也会克服一切困难学好它。

感性的兴趣与理性的目的是紧密相连的。兴趣是目的的基础，目的是兴趣的升华。从某种意义上说，兴趣是一种动力，是一种力量。我们老师应该用心去激发学生的兴趣，让他们积极主动地参与到教育的一切活动中来。

读懂学生的脸

读懂学生的脸，是不断调整自己教育教学方法的依据；读懂学生的脸，是步入关爱学生的第一道门坎。

学生的脸像天气预报一样，预报着学生的内心世界，他们的喜怒哀乐愁全都写在脸上。

读懂学生的脸，是不断调整自己教育教学方法的依据。如果多数学生兴高采烈，表情愉悦，说明他们在为收获而兴奋；如果多数学生表情冷漠，无精打采，说明他们收获不大，需要激励；如果他们中有的人怒气冲冲，说明心理不平，亟须安慰；如果他们中有的人愁眉苦脸，说明遇到难题，需要帮助……有人说，优秀的老师并不是按照知识要素决定自己的教法，而是按照学生的状态决定自己的教法，这反映了读懂学生的脸的重要性。

读懂学生的脸，是步入关爱学生的第一道门坎。人是需要关爱的，特殊状况下更需要关爱，这种状况下的关爱将会产生巨大的力量。如果学生在特别伤心的状况下得到的是老师的宽慰、抚爱和激励，学生不仅会迅速走出伤心的阴影，而且会把老师的关爱转化为一种力量回馈给老师。如果一个学生在盛怒下能得到老师的及时帮助，很可能避免了不应出现的后果，学生是会感激终生的。所以，真正的关爱，是从读懂学生的脸开始的。

学生是不会隐瞒自己的内心世界的，高兴就是高兴，不满就是不满，全都写在脸上。作为老师，只要有爱心，看一眼就能了解学生的内心；作为教育，只有走进学生的内心，才能获得理想的成效。

关注学生个性培养

承认差异，是尊重差异；尊重差异，是尊重个性。不承认、不尊重差异，企图用一个模子塑造学生，是不科学的。

曾经在相当长的一段时间里，我们不主张、不提倡甚至反对学生的个性培养与发展，陷入了个性培养的盲区与误区而不能自拔。虽然原因是多方面的，但不理解何为个性，为什么应该重视个性培养，也是其中的一个重要原因。

广义上说，人的个性就是人的非智力因素，即情商，包括兴趣、爱好、情感、意志、毅力、行为、习惯等。人与人之间情商的差别是很大的，比如兴趣与爱好，人与人是完全不相同的。承认差异，是尊重差异；尊重差异，是尊重个性。不承认、不尊重差异，企图用一个模子塑造学生，是不科学的。情商的重要作用是调动智商（包括观察力、注意力、思维力、想象力、记忆力）的积极性，比如对某件事有兴趣，必然注意力集中；意志、毅力坚强，记忆力明显突出；喜欢一件东西，必然爱不释手，动脑琢磨……这就是我们为什么应该重视学生个性培养的原因。

关注学生个性培养，首先是承认差异，只有承认差异，才能尊重学生；其次是扶持好的个性成分不断成熟、壮大，使其成为较为稳定的个性特征；同时，对于个性中一些不良的表现，要及时发现、耐心引导，力争在萌芽时期解决。

谁关注学生的个性培养，谁将成为教育的智者。

人际关系是引发心理问题的主要诱因

人与人之间如果充满友爱、互助，关系和谐，人的心情就是愉悦的，愉悦的心情便产生愉悦的判断，表现出愉悦的反应；人与人之间如果充满妒忌、仇视，关系紧张，人的心情就会不愉悦，就会产生与上述相反的判断与反应。

人的心理活动是人脑对周围客观事物的反映。人的心理素质就是在个性心理特征（情商）的作用下，开动大脑（智商）积极参与，从而对周围客观事物做出正确的判断与反应。

影响人的心理活动的因素很多，但主要的、大量的是人际关系。人与人之间如果充满友爱、互助，关系和谐，人的心情就是愉悦的，愉悦的心情便产生愉悦的判断，表现出愉悦的反应；人与人之间如果充满妒忌、仇视，关系紧张，人的心情就会不愉悦，就会产生与上述相反的判断与反应。因此，搞好学生的心理健康教育首先应从构建和谐的人际关系做起。

学生的人际关系并不像成年人那样广泛、复杂、多变，相对来说比较集中，直接的是学生与学生、学生与老师、学生与家长，间接的是老师与家长。

如何为学生构建一个和谐的人际关系？关键在老师，重点是老师与学生的关系。老师要为学生和家长做出榜样，友善地对待每一个学生，耐心地帮助每一个学生。首先构建一个和谐的师生关系，为学生、为家长树立一个样板，在老师表率的影响下，形成和谐的人际关系。

可以肯定，团结友爱、互帮互助的班集体，相互理解、相互尊重的师生关系，既有亲情又有友情，宽松、和谐的家长与孩子的关系，必将有利于学生的健康成长。

人的心理活动有着很强的隐蔽性

老师要让学生掌握心理问题自我调适的方法。主要方法有：自我激励法、自我宣泄法、知己交流法、以退为进法、活动释放法、聊以自慰法等。

人的心理活动有着很强的隐蔽性，它就像一个秘密加工厂，在封闭的状态下完成各自的心理“成品”或“半成品”。通常情况下，这些“成品”或“半成品”不会轻易表现出来，而是藏在心底，不愿让人知道。

在人的复杂、多变的心理活动中，有积极的，也有消极的。积极的心理活动，会成为强大的精神力量，会让人保持既理智又向上的精神状态；消极的心理活动，会消磨人的意志、扼杀人的兴趣、挑动不应有的亢奋情绪，会让人变得或不思进取、或浮躁不安、或孤芳自赏。

如何解决学生的心理问题呢？有效的做法是总结心理调适的方法，让学生掌握并运用这些方法调适自己的心理。

主要方法有：

1. 自我激励法。常常暗示自己，别人能做到的自己也一定能做到，很多学校开展的“我能行”活动即是。

2. 自我宣泄法。通过跑步、唱歌等释放邪气，收纳正气。

3. 知己交流法。和自己的亲人或要好的同学诉说，倾听他们的意见，在诉说与倾听中恢复平静。

4. 以退为进法。退一步换位思考，从另一个角度观察，可能一片光明。

5. 活动释放法。通过各种活动，转移思维，从而减少压力。

6. 聊以自慰法。实在想不通，就自己安慰自己，自己解放自己，这要比自己和自己过不去好得多。

自尊是最敏感的心理神经

自尊，是精神需要的核心，也是最敏感的心理神经。重视学生的自尊心，维护学生的自尊心，是心理疏导的重点。

精神与物质，是人生的两大需要。有时候，宁肯牺牲物质需要，也要追求精神需要。自尊，是精神需要的核心，也是最敏感的心理神经。重视学生的自尊心，维护学生的自尊心，是心理疏导的重点。

人的自尊心的突出表现是希望被尊重。学生自尊心的具体表现是希望同学赞赏，盼望老师肯定。仔细想想，学生的希望并不苛刻，做到也并不困难，但是却常常被老师忽视。既然自尊是最敏感的心理神经，那么，心理健康教育就应该从关注学生的自尊心做起，满足学生的心理需求，使他们能积极主动、愉快活泼地健康成长。

老师要善于发现每一个学生的潜能与优点，敢于肯定每一个学生的潜能与优点。什么时候发现就什么时候肯定，哪一点好就肯定哪一点。不要求全，不要犹豫。请记住：老师肯定自己的学生、表扬自己的学生，不会发生错误，永远是正确的。

老师肯定学生，会感染同学之间的互相赞赏，这是老师影响力扩散的结果。除了身教外，还要发挥言教的作用。老师要教育学生认识团结友爱、互相尊重的重要性，因为它既是现在健康成长的重要因素，又是将来与人合作共事的重要因素。

老师要得到学生的尊重，首先要从尊重学生做起，这既是自己自尊的需要，也是满足学生自尊的需要。

环境决定人的心理状态

好的环境包括硬环境和软环境。硬环境的优美、淳朴、厚重和勃勃生气，会感染学生拥有平静、善良、向上和悦纳一切的好心情。软环境是老师对学生的理解、尊重和信任，对家长的尊重、支持和引导。

人在不同的环境里，心理活动是不相同的。比如，身处风景优美的地方，会觉得心旷神怡；身处既脏又乱的地方，会觉得心情郁闷。环境既能振奋人心，又能约束人。中小学生的心理像一堆干柴，极易点燃；中小学生的心理又像一朵鲜花，极易受伤。为了让学生每天都有一个好心情，首先要为学生创造一个好的环境。

好的环境包括硬环境和软环境两个方面。硬环境主要由学校营造，所有的物质设施、生活设施、学习设施都应饱含文化底蕴，具有影响人、感染人的功能。一所整洁优美、文化底蕴丰厚的学校，实际上就是不说话的老师，每时每刻都在影响着学生，并用它那优美、淳朴、厚重和勃勃生气感染学生拥有平静、善良、向上和悦纳一切的好心情。

软环境主要由老师营造，包括友善的师生情、团结的班集体、温馨的大家庭。如同教学活动一样，为学生营造良好的软环境，老师也起着主导作用。这种主导作用除了言教——讲明道理外，更重要的是身教，是通过老师对学生的理解、尊重和信任，对家长的尊重、支持和引导，从而营造一个有利于学生成长的人际环境。

学校是熔炉，能把矿石熔化成铁，能把铁熔炼成钢。除了老师的作用外，另一个重要因素就是环境。

心理问题不是道德品质问题

既不要把心理问题当作道德问题而错怪了学生，又不要因为心理问题不是道德问题而不加重视、不去解决。让学生拥有健康的心理与具有良好的品德同样重要。

人的心理问题不是道德品质问题。比如自卑，它是在受到某种影响、刺激甚至伤害的情况下产生的一种心理现象，它只是自身的一种心理活动，既不影响他人，更不伤害他人。再比如忌妒，它是面对外界的人物、事件、环境而产生的一种心理活动，虽然它是消极的，但通常情况下也不会影响和伤害他人。

中小学生涉世不深，思想单纯，他们中间常常出现的自卑、忌妒、浮躁、攀比，或者表现出来的逆反、顶撞、放弃、粗暴等现象，并不是已经成型的稳定的心理特性，也不是道德品行上出了问题，而是受生活阅历和文化知识的局限，对周围客观事物的判断出了偏差，因而产生了暂时性的反应误差。这些心理现象，所有的人在成长过程中或多或少、或轻或重都曾经历过。

虽然心理问题不是道德品质问题，但是如果不引起重视，不及时解决，任其发展下去，就会引发一系列更为严重的问题。比如自卑心理如果长期存在下去，就会失去自信、毫无理想，变成一个不思进取的人。忌妒心理如果长期存在下去，就会衍生出不道德行为，从而伤害他人。

既不要把心理问题当作道德问题而错怪了学生，又不要因为心理问题不是道德问题而不加重视、不去解决。正确的思路是：凡是学生的事情，都是重要的；让学生拥有健康的心理与具有良好的品德同样重要。

心理健康问题也应以预防为主

心理健康是学生全面成长的关键。关注学生的心理健康，就是关注学生的全面成长。

人的生理健康问题以预防为主，心理健康问题也应以预防为主。

如何做到以预防为主呢？首先要了解可能引发学生心理问题的诱因。比如，环境变化、遭遇挫折、突发事件、评比表彰、集体活动、信息刺激、受到批评，尤其是自尊心受到伤害的情况下，学生容易产生各种各样的心理问题。这就像冬季要预防感冒、夏天要预防中暑、老年人不可吃得过饱、年轻人不可睡得太晚等一样，提前预防会减少发生心理问题的概率。

人际关系是引发学生心理问题的主要诱因，其中师生关系又最为突出。实践证明，师生关系和谐，学生的心理问题会大大减少，相反则可能引发各种各样的心理问题，严重时会发展到不满、逆反、顶撞甚至攻击。所以，构建和谐的师生关系，目的在于保证学生有一个正常的、平静的心理，促进学生健康成长。

生理健康问题以预防为主有许多办法，主体在个人，比如体育锻炼、合理饮食、讲究卫生、生活规律、豁达开朗等；心理健康问题以预防为主同样有许多办法，主体也在个人。老师要善于研究和总结行之有效的办法并教学生掌握这些办法，把可能引发的心理问题解决在萌芽状态。

心理素质是一个人走向成功的关键。心理健康是学生全面成长的关键。关注学生的心理健康，就是关注学生的全面成长。

陆　重视教育科研

AI DE YIZHAN

教育学是一门科学，是一门研究如何塑造人的灵魂的科学。有人说，教育学是人学。说得深刻。正因为如此，我们就得重视教育科学研究，从问题入手，以学生为主，研究得越深刻，方法便越有针对性，工作便越顺利。重视教育科研吧，它是学生成长的助推器，也是我们工作的发动机。

只有注重科研才能提高自己

重视和加强科研工作不仅是提高自身的需要，更是深化教育改革的需要。

一位教育界的同事向我讲述了他的“科研兴教”的观点，我赞同他的观点。

教育是一门科学，是科学就得研究。然而统观中小学的教育科研工作，虽然近些年来有长足的进步，但是仍未形成所有老师的共识。原因有三：一是没有认识到教育科研的重要性；二是对教育科研有神秘感，存在畏难情绪；三是缺少甚至没有进行教育科研的方法。

什么是教育科学研究？通俗地说就是对实践（包括实验、试验等）不断地进行总结，从中找出符合客观规律、揭示事物本质的结论。中小学老师每天都在实践，有成功的也有失败的，这为我们提供了丰富、可靠的科研基础，如果善于总结，把经验升华到理论，这就是科研成果。

教育科研的范围很大。对于中小学老师来说，主要是研究教育对象、教育内容和教育方法。学生是老师工作的对象，成功老师的一个共同规律是重视研究自己的工作对象。研究什么？研究学生的年龄特点，在熟知他们的特点的基础上因材施教；研究学生的认识规律，根据他们的认识规律不断更新自己的教育方法；研究学生的心理需要，从学生的心理需要出发，激发他们的积极性和主动性，保护他们的自尊心和自信心。有的老师失败了，原因不是出在主观愿望上，不是出在业务知识上，也不是出在工作态度上，而是出在对学生的不研究、不了解、不理解。因此，师生之间也需要“理解万岁”。要理解学生，就必须研究学生。

教育内容包括政治、思想、道德、知识、能力、心理等人的整体素质的各个方面。国家需要的不仅是适应社会发展的人，还应是具有鲜明个性的人，也就是整体素质高的人。因此，作为一名老师除了研究教学内容以外，还必须重视研究学生的思想、品行、心理，研究学生的兴趣、爱好、特长、情感、意志、毅力等。只有研究了，认识了，才能满足他们的需要。我听过、看过不少优秀老师的经验介绍，总结他们成功的规律，都不是停留在就教学说教学的地步，而是通过调动学生的思想激情，开发他们的非智力因素，最终获得了成功。

研究教育方法必须以研究教育对象和教育内容为基础，如果没有这个基础，就方法说方法，或者生搬硬套别人的方法，是不会收到好的效果的。任何好的方法对于我们来说都应该参考、借鉴、试验。但是要真正获得成功，还必须从自己的实际出发，探索、总结自己的教育方法。在实施素质教育的过程中，最迫切、最主要的是研究如何做到面向全体学生的方法，如何让学生得到全面发展的方法，如何尊重学生的主体地位、让学生主动发展的方法。

教育改革是以教育科研为先导的。重视和加强科研工作不仅是提高自身的需要，更是深化教育改革的需要。

老师科研如何确定课题

中小学老师的教育科学研究是“草根模式”的，是行动研究和问题研究。其特点有三：一是小，二是实，三是以个人研究为主。

中小学老师的教育科学研究是行动研究和问题研究。什么是行动研究？就是做什么研究什么。什么是问题研究？就是遇到什么问题研究什么问题。把我们工作中遇到的问题研究了、解决了，就是教育科学研究的成果。

有人提出中小学老师教育科学研究是“草根模式”的。什么是“草根模式”？我理解一是小，二是实，三是以个人研究为主。

所谓小，就是课题要小，切勿大而无当。比如，关于课堂教学模式是多数老师所关注的问题。但是，如果以此为课题，就显得太大，研究起来不容易。如果把课堂教学的各个环节作为课题，相对来说就比较容易。如关于导入新课的研究，关于提问的研究，关于组织学生讨论的研究，关于结束一节课的研究，关于讲授方法的研究，关于作业布置的研究，等等。这样一划分，小到了看得见、摸得着、抓得住，有利于各个击破，取得成效。

所谓实，就是课题是自己遇到的问题，比如学生的顶撞、逆反、挫折、失败、骄傲、气馁等，比如作业批语、如何组织班会、如何开展学生社团活动等，都可以成为研究课题。从实际出发，研究自己的问题，杜绝了空话、大话、套话，这样的课题研究才会扎实有效。

所谓以个人研究为主，就是除参与必要的集体研究外，每个老师都要有自己的课题，都要亲自研究。只有这样，才能充实集体研究成果，也才能通过研究提高自己。

老师课题研究的方法

中小学老师课题研究的方法可归纳为“学习、思考、实践、总结”八个字。

中小学老师课题研究的方法是根据课题研究的目的、内容确定的，有别于宏观上的理论研究。

我把中小学老师课题研究的方法归纳为“学习、思考、实践、总结”八个字。

学习，既是课题研究的需要，更是老师专业发展的需要。老师要勤于学习，通过报纸杂志、网络信息、外出学习、校内研讨、专题讲座等，迅速获取信息，极大地丰富自己。信息越丰富，眼界就越开阔，头脑就越灵活。这是保证课题研究顺利进行的基础。

思考，这是学习的必然环节。“学而不思则罔，思而不学则殆”，十分简要地道出了学习与思考的关系。对于自己获取的信息，必须经过筛选、加工、提炼，这就是思考。不经过咀嚼的食物难以消化，不经过思考的信息不会利用。思考的过程，既是整理的过程，也是加工的过程，还是取舍的过程。有了这些过程，学习才有作用，自己才会提高。

实践，是课题研究的主要环节，老师要把主要时间和精力用在实践上。实践中，既要有一个基本的程序和方法，又要根据实际情况调整研究的程序和方法，直到取得满意的结果。

总结，就是把自己实践的结果如实地表达出来。原先怎么样，经过实践怎么样，有什么变化，悟出什么规律，从中受到什么启发。切忌空话、大话、套话，要让人一看就知道是你的成果，而不是别人的。

作业批语要有感染力

老师批改学生作业，犹如园丁浇灌、修剪花草和树木，除了要有耐心，更重要的是拥有爱心。

我上高小时（当时的小学分初小、高小两段），写了一篇自命题作文。大意是看了一篇文章，很受教育，将来长大了，也要写出许多这样感人的好文章。语文老师批改时，许多地方画了红圈，以示肯定。后面是那工整、苍劲的毛笔字批语：“你很用心，也很有心。有心加上用心就是有志。有志者事竟成。相信你会学好语文课，将来成为一名优秀的作家。”

一个学生受到老师的夸奖是很高兴的。尤其是得到老师的书面夸奖，更是高兴，因为那是用文字表达的，更亲切、更深刻、更永久。虽然当时年龄小，对“有心”“有志”“作家”还不完全理解，但对老师的夸奖是清楚的。打那以后，对语文老师的课，我总是带着特殊的感情去听，每逢写作文、记日记，总想着得到许多红圈圈和类似那篇作文的批语。这种童心，一直带到初中、高中，并且在中学阶段萌发了学中文、当作家的愿望。后来，果真上了大学的中文系。

虽然没有当了作家，但语文老师那几句充满激情的批语，影响了我的一生。

批改学生作业，不仅仅是督促学生，也是老师的一种调查研究。学生的作业，是老师教学活动的信息反馈。老师可以根据反馈，及时调整自己的教学方法。

批改学生作业，更是师生情感交流的极好机会，老师应该抓住机会，倾吐自己对学生的爱心。第一，不对学生做错了的题简单画“×”，千万别伤害学生的自尊心和自信心，而是要把错误的原因写在错了的地方。第二，用几个字加以肯定，比如“好”“很好”“太棒了”等。写几个字对老师来说并不费劲，对学生来说分量却是很重的，因为他得到的是老师真挚的情感。第三，对一些特别需要关照的学生，写几句热情洋溢的话，这些话语可能成为学生学习某门功课的动力，甚至成为他（她）一生的成长动力。

愿老师们像园丁浇灌、修剪花草和树木那样，通过大量、经常的作业批语，显示对学生的爱心。学生必将在老师无微不至的关怀下茁壮成长。

堵不如疏

洪水被堵得没有出路会泛滥成灾。人的思想不通就会出现“顶牛”。

一天上课时，我发现许多同学的课桌上写了不少字句，有自编的，有摘录名人的。内容多数是健康的，但也有极少数是消极的。有的同学写一句还不够，写了好几句。

看到这些，我既高兴又生气。高兴的是他们崇拜名人，内心蕴藏着积极向上的激情。生气的是他们在课桌上胡写乱画，有伤文明。

说了我的看法后，我向同学们提出以下建议：凡是喜欢课桌文化的学生，今后可以用64开的白纸，写上自己喜欢的话，贴在课桌的右上角。每一个月，全班同学开展一次评比，采用无记名投票的方式，就内容、形式、书写三个方面，评出全班最优秀的“课桌文化”。

一星期后再上课，发现同学们按我的建议做了，而且是全班同学都参与了。我认真地看了同学们的“座右铭”，真叫人激动，内容健康，书写工整，每一张小纸片上都闪耀着一个伟大的哲理，蕴藏着同学们一份份向上的激情。遗憾的是，不久他们毕业了，没有来得及评比。

中小学生好奇心强，情绪容易激动，对于他们崇敬的人和事，往往要通过各种各样的形式表现出来，“课桌文化”就是他们内心激情的一种表现。对于类似这样的心理现象，不能压制，不能禁止，而应该引导他们走上正确的轨道，为他们表现自己的激情创造条件，使他们在表现自己的过程中得到锻炼，得到提高。

沉默是金

理智是成熟的表现，是通向亲密无间的师生关系的桥梁。

人们常说“沉默是金”。没经历过，不理解。亲身实践了，就会感到沉默比金还珍贵。

一次上课，开讲后不长时间，便有一位同学在桌上睡了起来。遇到这种情况，老师是尴尬的。因为你的课讲得乏味，没有激发起学生的兴趣。我平静地看着讲义，停顿了几十秒钟。那位睡觉的同学不知是被沉默惊醒，还是被同学推醒的，面带羞愧地看着课本，我又开始了讲课。还有一次，我讲得兴趣正浓，两个同学开起了“讨论会”。遇到这种情况，老师也很扫兴，因为自己的劳动受到了亵渎。我仍然是停顿了几十秒钟，两位说话的学生被沉默提醒，不好意思地看着我，好像在说“对不起”。

课堂教学活动中，经常出现一些意想不到的情况。老师要有驾驭课堂秩序的能力，调节课堂气氛的艺术。遇到意外情况，内心要平静，言语要温和，行为要文明，切不可一时冲动，说出一些失去理智的话，做出一些失去理智的事。课堂上对学生讽刺、挖苦、训斥、体罚或变相体罚，不仅扰乱了老师的思维，而且打乱了同学们的思路，再把师生的思路调节到已有的思路上，是需要时间的。一节课短短几十分钟，因此而浪费了时间，那是十分可惜的。更重要的是，如果老师失去理智，不仅被训斥的同学会心存成见，即使没有被批评的同学也会有所想法。时间长了，同学们就会对老师的教学艺术和人格形象产生怀疑。

当然，沉默只是解决意外情况、调节课堂气氛的一种方法。其他的，诸如幽默的语言、暗示的眼神、恰当的表情、突然提高或降低的声调……都会收到良好的效果。

理智是成熟的表现，是通向亲密无间的师生关系的桥梁。大凡优秀的老师，都是很有理智的老师，非常尊重学生，十分重视保护学生的自尊心和自信心，所以他们成功了。

名家名在哪里?

充分调动学生的兴趣；把深奥的问题通俗化，说的、做的学生听得懂、看得清、能理解；发自内心地尊重学生。这样，课就一定能上得成功。

打开电视，正好遇上中央十一台的“名家开讲”专栏，是由京剧名家黄孝慈为小学生讲解四大名旦梅兰芳、尚小云、程砚秋、荀慧生的不同艺术特点。通过如何表达“你、我、他”的形体动作，通过同一句台词的不同道白表达以及同一句台词的不同演唱风格，黄孝慈把梅、尚、程、荀四派的艺术特色讲解得明明白白、清清楚楚，一群小学生聚精会神地听得津津有味。高兴时，小学生们还手舞足蹈，拍手叫好。透过表情，我知道孩子们不仅看得热闹，而且看懂了、领会了。

现在的小学生对京剧是陌生的，对四大名旦更是陌生。但是，为什么小学生听得那样全神贯注，那样兴高采烈，那样进入角色？这就是老师的作用。

黄孝慈老师的这节课为什么大获成功?

我想原因有三：第一，她充分调动学生的兴趣。有动作、有道白、有演唱，学生不产生兴趣都不行。

第二，她把深奥的问题通俗化。说的、做的学生听得懂、看得清、能理解。

第三，她发自内心地尊重学生。在她的脸上始终挂着微笑，把学生当作小朋友，没有居高临下、盛气凌人的做派，好像一个大朋友和一群小朋友在玩游戏，让小朋友在快乐中领悟国粹的精髓。

给学生压担子

成功的教育，在很大程度上是减少学生的依赖性，提高学生的主动性。

我的邻居有两个孩子，一个上小学，一个上中学。像天下所有父母一样，夫妇俩在孩子身上无微不至、全心全意。

一天，说到孩子的学习，夫妇俩面带愁容。丈夫说："我们俩在孩子身上，一天可以归结为七个'快'：早上是快起床、快洗脸、快吃饭、快上学。晚上是快吃饭、快做作业、快睡觉。"知道我在教育部门工作，问我该怎么办？其实，我的两个孩子也是这样。父母包办得多了，他们有了依赖性，自然就没了主动性。

经过商量，我们决定实施以下办法：事先讲清楚，从某天开始，起床、睡觉、吃饭、写作业等，不再督促，全由他们自己掌握。迟到了，完不成作业，受批评，全由他们自己负责。

果然，他们身上有了担子，对自己可以做也应该做到的事，主动得多了，没有迟到过，也没有完不成作业的现象。

所有的人既有依赖性，又有主动性。有依赖性，是因为作为社会主体的人存在着依存关系。有主动性，是因为人与人之间又存在着竞争关系。正是有了竞争，才推动了社会向前发展。人与人之间的依存关系，不是依赖、代替和恩赐，而是帮助、鼓励和理解。成功的教育，在很大程度上是减少学生的依赖性，提高学生的主动性。

老师也要把担子压给学生。凡是学生可以做也应该做到的，都应该由学生去做。一时有困难，经过努力可以做到的，也要坚持让学生去做。要让学生“跳起来摘果子”。学生摘到了果子，尝到了甜头，主动性就会与日俱增。

相信学生、把担子压给学生、引导学生主动发展，我们每一位老师都应该把工作的重心放在这一点上。

用能力培养能力

能力是人的综合素质的集中表现。实施素质教育，关键在老师。

只有能力才能培养能力。

“学历社会”正在向“能力社会”转变。

能力是人的综合素质的集中表现。

实施素质教育，关键在老师。

这些问题已经十分尖锐而现实地摆在我们面前。

作为一名老师，除了具有常规的教育教学能力外，根据社会发展的需要，还必须具备以下一些能力：

第一，获取和利用信息的能力。人们经常用“知识爆炸”“知识经济”“信息社会”等词汇描述我们所处的时代，说明现代社会不仅知识多，而且信息传播快，这就要求我们必须努力学习，充实自己，万万不可满足于学校学到的一点儿知识。如果说获取是一种勤奋，那么利用则是一种智慧、一种勇气、一种能力。获取的目的在于利用，如果不会或不敢利用，空有满腹经纶，也是没有意义的。

第二，适应社会发展的竞争能力。竞争是推动社会发展的动力，没有竞争的社会必然涣散、倒退；没有竞争意识的人必然萎靡、懒惰。每个老师都应该有强烈的紧迫感和危机感，意识到“大锅饭”“铁饭碗”是特定时期的特定现象，它正在并必将被历史所淘汰。道理很简单：任何社会都不会也不能容忍懒人。所谓竞争，就是毫不松懈，始终向优秀老师的目标努力。

第三，勤于思考，不断求新的创造能力。社会发展的本质是新的代替旧的。故步自封，抱残守缺，在任何社会都是被淘汰的对象。作为老师，必须清醒地意识到我们面对的是不断变化的现实：教学内容在变，教学手段在变，教学方法在变，教学对象在变，如果还守着“以不变应万变”的小生产者思想，是不会受到学生欢迎的。面对变革的时代，只有“以变应变”，不断创新，才能适应社会的发展。

第四，了解社会、理解学生的社会交往能力。人与人的关系是社会的重要组成部分。老师是社会成员，善于人际交往是老师应有的能力。师生关系，关键在老师，在老师对学生的理解。需要理解的方面很多，但最重要的是学生希望得到尊重，渴求受到表扬。如果能发自内心地尊重学生，及时表扬学生的点滴进步，良好的师生关系就有了基础。

第五，教育科学研究的能力。教育是一种行业，但更重要的它是一门科学。是科学就要加强研究，不研究，满足于照本宣科的教书，满足于传统的管教，是不会提高的。不神秘、不迷信是增强自己科研能力的前提。其实，每个老师都在进行的教育教学活动，就是科研的最好素材。把成功的东西加以总结，成功在哪里，原因是什么。把失败的加以总结，失败在哪里，原因是什么。从中发现本质，找出规律，这就是科研成果。如果所有老师都能把自己的实践加以思考和总结，按照教育和学生成长的客观规律进行教育教学活动，整个学校工作必将发生质的飞跃。靠什么使教育工作兴旺发达？我同意“科研兴教”的说法。

第六，解决实际问题的能力。仔细想想，老师每天都是和实际问题打交道：社会上的实际问题，教学中的实际问题，学生的实际问题，等等。对于实际问题，不能回避，不能压制，不能说教，要解决就必须有能力。我们经常说的以身作则、率先垂范、为人师表等，并不应表现在口头上，而主要反映在解决实际问题的能力上。

第七，准确清晰的语言文字表述能力。“身教胜于言教”并不意味着言教可有可无，它是从另一个角度说明榜样的力量是巨大的。事实上，对于一名老师来说，身教与言教都是重要的，我们反对的是只会说不会做，并不贬低教师应有的语言文字表达能力。如果说身教是思想情操的表现，那么言教同样可以反映一名老师的内心世界。因此，所有老师都要努力提高自己的表达能力，把它看作是教育的需要。

学生是老师科研的重点

作为老师，教育教学的内容和方法要研究，但是重点是要研究学生。

作为老师，教育教学的内容和方法要研究，但是重点是要研究学生。现实中往往有这样的情况：不少老师对于教育教学的内容与方法研究得很透彻也很充分，可是一登上讲台讲课，学生并不欢迎，效果也不好。为什么？没有研究学生，脱离了学生的实际。

在全面研究学生的前提下，重点要突出以下四个方面：

1. 关于学生年龄特点的研究。

小学、初中、高中三个学段，甚至小学低、中、高三个阶段，虽然只有两三岁的差别，但区别却是非常明显的。比如，小学阶段学生对老师的依赖，初中阶段学生出现的逆反现象，高中阶段学生独立意识的明显增强。年龄的增加不仅是自然规律的反映，更是精神世界的变化。老师的工作只有根据学生的变化而变化，才能适应学生、满足学生。

2．关于学生认识特点的研究。

中小学生的认识特点以形象、具体、直观为主，这是他们的知识基础和生活阅历决定的。老师如果不能把抽象的内容形象化，深邃的问题具体化、直观化，学生就难以理解。死记硬背是照本宣科的结果，不能创新是囫囵吞枣的结果。

3．关于学生行为特点的研究。

中小学生的行为与成年人不同，有些行为在我们成年人看来是很可笑的，但恰恰是他们最欢迎的。老师只有仔细研究，才能揭开他们在行为上的奥秘。

4．关于学生心理特点的研究。

心理是人脑对客观事物的反映，喜怒哀乐愁，是人的心理的突出表现。学生的心理活动是随着老师的服务态度、教育内容、教育方法等变化的。老师只有深入研究，走进学生心里，才能被学生所接受，才能做一个受学生欢迎的老师。

柒　重塑教育生态

AI DE YIZHAN

科学的发展、技术的创新、时代的进步对现有的教育模式构成了强有力的冲击，我们需要采取切实有力的行动，为孩子重塑学校，为未来重塑教育。

让我们心怀教育的敬畏与谦卑之心，把教育理念付诸点滴实践，以涓滴细流重塑教育新生态。

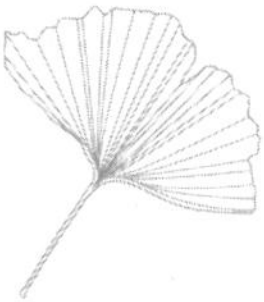

素质教育断想

实施素质教育要以学生为主体，这是素质教育的灵魂。素质教育的内容随着时代的发展可能不断变化，但素质教育的灵魂不会改变。

对于素质教育，零零星星有一些想法。因为没有系统起来，所以立了个题目叫作素质教育断想。

一

素质教育是针对现行教育的最大弊端提出来的。

现行教育的最大弊端是为了升学的应试教育，或者叫作为了考试而教，为了考试而学。由此引发出一系列问题，集中反映在两个方面：一是面向少数有望升学的学生，忽略甚至牺牲了多数学生；二是片面强调升学考试科目的教学，轻视甚至放弃作为一个人应有的基本素质的教育教学实践活动。

随着我国经济社会各项事业的蓬勃发展，这一弊端越来越显示出它的不适应性。它已经成了束缚教育事业进一步发展的绳索，到了非彻底改革不可的地步。

二

实施素质教育，目的在于提高每个学生的个体素质，这是整个国民素质的基础。

能否实现素质教育，关键在教育观念。应从三个方面理解素质教育。第一，对每个学生负责，面向全体学生。下一级学校理所当然地应为上一级学校培养和输送新生，但这是在全体学生都在各自基础上得到提高的前提下的选拔。第二，对学生的一切负责，使学生全面发展。学校以教学为主，使学生掌握基本的文化科学知识天经地义，无可非议。但同时也必须通过多种活动，使学生在政治观点、思想情操、道德规范、体质体能、心理适应等方面都得到发展。没有后者，前者是浅薄的，甚至是无用的。第三，相信学生，让学生主动发展。把学生绑在书本上，老师逼着学生，家长逼着孩子，这是我国教育的传统。长期压抑下，学生的主动性、创造性受到极大挫伤，适应、竞争能力很低。要相信学生，尤其是现在的学生，让学生主动发展。只有主动，才能有兴趣，有多样化，有个性，有创造性，有竞争力。

三

素质教育是我国现行教育制度的改革、完善和发展，是现代教育的标志。它与全面发展教育并不矛盾，是全面发展教育的进一步深化。

应试教育也不是对我国现代教育制度的全部否定，而是否定它的最大弊端。

转轨为素质教育是不是要废止全面发展？不是。全面发展，特别是重视学生心理健康的教育，是素质教育的重要手段和途径。通过全面发展，提高全体学生的整体素质。

四

人的素质包括三个方面。

一是生理素质，包括体形、体质等，这是基础。基础不好，其余都谈不上。二是心理素质，它是智力因素（注意力、观察力、记忆力、想象力、思维力等）与非智力因素（情感、意志、兴趣、爱好、毅力等）的结合，这是核心。它既会影响生理素质，又会影响社会素质。三是社会素质，包括政治、思想、道德、业务、审美、劳动技能等，这是灵魂。它一方面以生理、心理素质为基础，另一方面又给生理、心理素质打上社会烙印。

实施素质教育，就是要让学生在上述三个方面都得到发展。

五

目前已有一批特色学校。很多校长也在计划创建特色学校。这些都是实施素质教育的突破口。

所谓特色学校，是指在某个或某些方面具有特色。因此，不能停滞不前，而应该坚持特色，继续发展，发挥优势，整体优化，构建素质教育的新模式。

如何继续发展、整体优化？许多学校的实践经验表明，应抓好三个方面的工作。一是校长要学习现代教育理论，更新教育观念，确定适应现代社会发展的教育观念。二是老师要总结自己长期实践活动的经验，树立现代教学思想，尤其要确立相信学生的思想，改进教学方法，使自己具有适应素质教育的素质。三是学生要主动发展，在全面发展的基础上，敢于在某些方面冒尖，发展特长。

六

课堂是实现素质教育的主渠道。

不少学校开展的课外活动、兴趣小组等，是课堂教学的补充和延伸。它虽然也可以提高学生素质，但仅仅满足于此是不够的。

校长要把工作重点放在老师的课堂教学上，老师要把精力用在改进课堂教学的方法上，学生要把希望寄托在课堂问题的解决上。

七

实施素质教育还要不要考试？当然要考试。

问题在于为什么考，考什么，如何考。

过去仅仅把考试作为促使学生学习的唯一法宝，或者作为衡量学生学习成绩的唯一依据，过于狭隘。

考试的目的，首先是发现老师自身教学上的问题。通过学生答卷，发现问题，及时改进。其次是发现学生的问题。通过答卷，发现学生在知识的掌握上，更重要的是在发现问题和解决问题上的长处和不足，以便针对性地进行教育。

考试是一种手段，是一种调查研究，是学生的信息反馈，但不是目的。

八

能否实现素质教育，除了领导的教育思想之外，关键在老师的素质。

高素质的学生靠高素质的老师去培养。

建设高素质的老师队伍，应按以下思路考虑。

第一，老师的政治思想素质。老师要有坚定的政治方向和高尚的思想情操，这是灵魂，是动力。热爱学生，对所有学生的全面发展负责，是一个老师应有的学生观。老师的人生观、世界观、价值观，集中反映在他的学生观上。

第二，老师的业务能力素质。老师的特殊本领不仅仅是拥有知识，而是能把自己掌握的知识转化为学生能理解的知识，引导学生去发现、去创新。知识的掌握相对来说好解决，但能力的提高主要靠实践，靠自己长期、艰苦的实践。

第三，文化科学知识素质。老师不仅应该深刻地掌握所任学科的知识，还应学习和掌握教育学、心理学、社会学、伦理学、管理学等方面的知识，理科老师要略通文科方面的知识，文科老师也应学点自然科学知识。作为一名老师，在所任学科上，知识要专、要深；在其他知识上，面要广、要博。

九

实施素质教育要以学生为主体，这是素质教育的灵魂。素质教育的内容随着时代的发展可能不断增加，但素质教育的灵魂不会改变。

怎样才能以学生为主体?

第一，老师要把学生当成有意识、有能力的人，而不要把学生看作知识的“容器”，局限于老师讲，学生听。

第二，素质教育的核心是教会学生如何做人。老师要根据社会的发展需要，引导学生树立公民意识、现代意识，通过经常性的教学工作，以身作则，指导学生塑造人生。

第三，老师要放手，放手让学生自己去学习、去实践，让学生生动活泼地主动发展。

愿老师成为教育家

老师培育了各行各业的专家；老师塑造着人类真善美的心灵之花；老师付出心血赢得社会的文明与进步。愿老师成为教育家。

各行各业都有“家”：政治家、理论家、军事家、科学家、企业家、作家、画家、表演艺术家、数学家、物理学家、生物学家、评论家、歌唱家、收藏家、社会活动家、外交家，等等，当然还有培育各种各样的“家”的教育家。

仔细琢磨，何以成为“家”？最重要的有两条：一条是长期或终生从事某种专门的职业活动；一条是在某种专门职业活动中成就卓著，影响深远。

我们的大多数老师具有成“家”的第一个条件——长期或终生从事教育活动。这是重要的条件，是基础，有了这一条才可能产生第二条。从这一点上理解，应该说所有的老师都站在教育家的起跑线上，或者说奋进在成为教育家的跑道上。

那么，教育家应该具有哪些品质呢？《教育研究》上的一篇文章对教育家的特质归纳了五条：创造性地从事教育工作并有显著的工作业绩，这是关键；对受教育者有一种真诚的、无私的、持久的、普遍的爱；不断积累教育经验，探索教育规律，并形成自己独特的教育思想和信念；能够自觉地将教育目标在自己身上人格化，以身作则、为人师表；有一定的社会影响与声望，独特的教育思想和信念能在一定范围内为同行和学者们所关注和重视。虽然还可以有其他的归纳，但这几条是重要的、必需的，所以摘录出来与老师们共勉。

爱学生是教育家的着眼点，是卓有成就的老师全部的精神支柱和物质动力。老师对学生有了爱心，就会克服一切困难，冲破一切阻力，把自己的所有精力倾注在学生身上。创造性地工作是教育家特有的思维方式。学生每天都在变化，因此老师的工作总是新的。不创造性地、不灵活地工作，就无法适应发展中的学生。正是创造性地工作，才积累了大量的经验，探明了规律所在，形成了自己的教育思想和信心。身体力行、以身作则，是教育家必备的优秀品质。老师们懂得，言教是必要的，但比言教更重要的是身教，是靠人格去熏陶和感染学生。战胜自我靠人格，征服学生仍然靠人格。人格的影响是深远而持久的。学生长大了，成人了，真正起作用的是老师人格的感染。

老师是神圣的，因为老师培育了各行各业的专家。

老师是美丽的，因为老师塑造着人类真善美的心灵之花。

老师是伟大的，因为老师付出的是心血，换来的是社会的文明与进步。

愿老师成为教育家。

教育家是写出来的

“教育家是写出来的。”写就写自己，事情不要太大，文字不要太长，把事情说清楚，让人看了有所收获、得到启发即可。

“教育家是写出来的。”这话不是我说的，是从一份报纸上看到的。我赞同这一说法。

赞同的原因有二：第一，古今中外所有的教育家都为人们留有他们对教育的思考与建议，这些思考与建议是他们写出来的。第二，这些思考与建议并非他们教育实践的原始呈现，而是经过了分析、判断、推理、归纳的认识过程。书写的过程变成了思维的过程。正是有了这一过程，他们的思考与建议才具有科学性，才揭示了教育的规律，才具有普遍价值。

老师每天都在实践，课堂教学、个别辅导、批改作业、组织班会、家庭访问，等等。在经常性的教育实践中，有成功的，有失败的；有平平淡淡的，有迷惑不解的。如果对这些情况加以思考，从中悟出规律并动手把它写下来，对自己的专业成长是大有好处的。

写的过程不同于一般的说一说，而是一个十分严谨的思维过程。通过这一过程，要用文字表达出“是什么”“为什么”“怎么办”这三个问题。所以，写的过程就是一个反思的过程、升华的过程。这正是“教育家是写出来的”这一结论形成的原因。

写就写自己的，事情不要太大，文字不要太长，多则一千余字，少则五六百字，把事情说清楚，让人看了有所收获、得到启发即可。每一周或十天写一篇，坚持不懈，积少成多，若干年以后，你将会发现你的成长得益于“写”。

关于语文和语文教学的思考

把语文课仅仅看作是文字、语言是不行的，再扩大看作是文字、语言、文学也不够。应有大语文观，把语文看作是一种社会文化。

一

语文是以文学作品为载体的文字和语言构建的宏伟辉煌、蕴含深刻的文化殿堂。到了中学，特别是高中阶段，应该把语文课看作是一种社会文化。因为从它的表现形式、题材内容、时间跨度、地域范围等方面看，可以说语文是人类智慧，特别是人文科学的浓缩和结晶。

把语文课仅仅看作是文字、语言是不行的，再扩大看作是文字、语言、文学也不够。应有大语文观，把语文看作是一种社会文化。

作为一名语文老师，只有站在社会文化的高度认识语文课，才能看清语文这座大殿堂的辉煌与深厚，才会在语文殿堂面前感到知识的匮乏，从而拼命地吸收知识，努力充实自己。

长期以来，我们只看见语文课的文字、语言、文学，而没有意识到它的社会文化的内涵，犹如只看见故宫的砖瓦、木料、房舍，而没有看到故宫深厚的底蕴一样。这是语文教学就事论事，纠缠字词句篇因而得不到明显提高的一个重要原因。

二

语文是基础。语文课是基础课。

工具是特定的，可以好，可以不好。这件不好，可以拿另一件代替。基础是必需的，无法用别的代替。

工具在达到某种目标后可以放弃，或者退到次要位置。基础要伴随人的一生，在一生的所有方面都要起作用。

相当一部分高中生进入大学理工科后，由于语文的基础没有打好，影响了正常学习，不得不再去选修大学语文课。相当一部分毕业生文字表达能力差，做过的事不会总结，要做的事不会计划。

把语文看作是社会文化，并不是说语文是万能的，更不是说把语文课当成“四不像”。而是说，要站在社会文化的高度，通过语文教学，为学生打好基础。

打好什么基础?

第一，语言、文字的基础，就是学生口头表达和文字表达能力的基础。这是学习语文的首要任务。

第二，做人的基础。通过古今中外优秀文学作品的滋养，使学生受到感染，辨明是非，学会识别假恶丑与真善美。这就是我们经常说的“文道结合”和“文以载道”。

第三，思维的基础。人的思维主要是由形象思维和逻辑思维构成的。语文课中的文学作品之所以感人，首先是靠形象。语文课中的政论文之所以有说服力，主要靠逻辑思维。讲好、学好这些文章，对培养学生的形象思维和逻辑思维大有帮助。这两种能力提高了，学生就有了创造性思维的基础。

三

据调查，除文言文外，中学生对语文课本里半数以上的文章已经达到初步理解的程度。基本理解了，老师还逐字逐句地讲，绝大部分时间被老师占去了，学生听得没兴趣，没有时间去思考、去练习，这是当前语文教学中存在的一个突出问题。

语文程度的提高，在识字量基本过关以后，主要靠多读书、多思考、多实践。这就得老师少说，把时间留给学生。

如何做到少说？

第一，老师要研究和了解学生，讲课时只说那些学生不懂的，懂了的不说，自然说得就少了。哪些不懂？借鉴成功的做法，有些课文可以采用“讨论式”教学；有些课文可以采用学生提问的方式教学；有些课文可以采用“排演式”教学，学生当演员，老师当导演；有些课文可以让学生把不懂的写个纸条，老师归类后集中讲解。只要勤于实践，办法是有的。

第二，精心备课，抓住重点。语文学科有它的特殊性，这就是学生不是全不懂，而是部分不懂；不是文字表面不懂，而是不懂深层次的含义；不是不会表达，而是不会思维；不是不懂语文基础知识，而是不会运用。这样说来，部分不懂的、课文中深层次的、教会学生思维的、让学生会使用语文基础知识的，就是重点。

第三，语文老师要提高自己的语言修养和思维能力，不前后重复，不啰啰唆唆，不故弄玄虚，把话说在要害处，让学生听有所得，恍然大悟，觉得听老师的课是一种艺术享受。

第四，控制自己的讲课时间，每节课要留出时间让学生思考、提问、练习。

四

作文是当前语文教学中的难点与弱点。造成相当一部分中学生作文程度不高的原因，一是学生缺乏实践，作文的“原材料”贫乏。文艺创作的源泉是生活，学生作文的源泉也是生活。由于缺乏素材，只得东拼西凑，作文成了一种负担。二是主观意志的命题作文太多。学生本来就缺乏生活经历，又要写出自己不了解、不熟悉的命题作文，只能是勉为其难。三是学生思路狭窄，口头表达能力差。按道理，怎么想就怎么说，怎么说就怎么写，这就是作文。但由于忽视思维能力的培养，缺少口头表达能力的训练，作文成了学生最发愁的事。四是练习次数太少，又得不到切中要害、有的放矢的批改，所以学生的作文水平难以提高。

如何改进作文教学，提高学生的作文水平？

第一，模仿。老师指定一些范文让学生学习，或让学生阅读一些自己喜欢的文章，让他们学着文章的思路和描述手法，进行模仿作文，慢慢由模仿走向创作。写毛笔字可以模仿，由描红到临帖，然后脱离字帖独立创作。模仿鸟飞出现了飞机，模仿青蛙出现了蛙泳，模仿名演员成了名演员……作文也可以先模仿，然后逐步走向创作。

第二，减少命题作文，增加学生自主命题作文。提倡学生自主命题作文，这样既尊重了学生，又使学生有话可说，消除了学生每逢作文就发愁的紧张心理，有利于调动学生的积极性。

第三，从训练语言入手训练学生的思维能力。书面语言是口头语言的一种表达形式。提高作文水平，必须加大口语训练的力度，让学生敢说、能说、会说。而提高口头表达能力，归根到底要从思维能力抓起，因为语言是思维的工具，或者说是思维的表现。学生敢想、能想、会想了，才能做到敢说、能说、会说，从而达到敢写、能写、会写。

第四，鼓励学生多练习，写短文。凡有想法就写出来，几十字、几百字都可以。愿意给老师看，老师应该欢迎。不愿让老师看，也可以。

第五，批改作文要多鼓励，多肯定。一个观点好就肯定一个观点，一句话好就肯定一句话，一段描述好就肯定一段描述。学生对老师的肯定是看得很重的，许多学生就是在老师的鼓励下写好作文的。

五

激发学生对语文的兴趣，既是提高语文教学水平的需要，又是增强学生作文能力的需要。

如何激发学生学习语文的兴趣？

第一，作为一名语文老师，要加强自身修养，提高自身素质，对学生有吸引力，使学生愿意做一个像老师那样有语文修养的人。这就要求语文老师具有良好的职业道德，一定的业务能力和广博的专业知识。

第二，让学生多说。通过各种演讲比赛、讨论会、报告会、辩论会以及经常的提问、班会等，给学生创造说话和表现的机会。

第三，让学生多写。通过作文、日记、写参观和读书感想以及自己办手抄报、出墙报等，让学生看到自己的成果。

第四，让学生多听。通过专题报告，听广播、看电视等，让学生开阔视野，增长见识。

第五，让学生多读。除报纸、杂志外，要求学生每年都应读几本文学作品，让学生积累说和写的原始材料。

六

自信是学好语文的前提。

语文有它的特殊性。数学、物理、化学、外语等学科说不懂便是全不懂。语文则不然，有的课文老师不讲，学生便略知一二甚至五六，这应该是学生学好语文的有利条件。

语文教学的重点和难点是什么？是学生的口头和书面表达能力。因为表达能力是语文程度的综合反映，是学习语文最终要达到的目的。因此，要在表达能力上鼓励学生充满自信。

如何增强学生的自信心呢?

第一，多肯定，少否定。该肯定的时候，老师要抓住时机，明确表态，给学生以激励。有的学生表达能力差，老师要从中发现值得肯定的地方，部分给予肯定。需要给学生指出的，老师要换个角度说，既让学生感到亲切，又让学生受到鼓舞。

第二，创造条件，为学生提供表现的机会，让学生体验成功的喜悦。中学生争强好胜，爱表现自己，老师要满足他们这一心理需要。表现成功的、不成功的，都要及时肯定，使他们体验成功的喜悦。实践证明，每体验一次成功的喜悦，自信心就会提高一步。体验成功喜悦的次数越多，自信心就越强。

第三，个别鼓励，正面引导。这主要适用于对语文课缺乏信心而语文成绩不理想的学生。这一类学生语文成绩不理想，并不是所有学科都差。什么好就表扬什么。即使都不理想，他总有可爱的地方，老师要看得到，通过个别谈话予以肯定。一旦学生对老师有可信感、亲近感，就会把对老师的爱转移到学习上，成为他们学好语文课的一种强大动力。

理解万岁

师生之间首先是朋友关系，是一个大朋友有责任帮助小朋友、小朋友有义务接受大朋友帮助的关系。既然是朋友，就要互相尊重。而老师能否受到学生以及全社会的尊重，首先取决于老师是否尊重学生。实践表明，只要老师尊重学生，一定能换来学生对老师的尊重。

在中小学校，老师是德育工作的主力军，对学生起着引导、示范、熏陶、感染的主导作用。师生之间，尤其是老师对学生，理解是至关重要的。

一

老师严格要求学生，这是天经地义的。没有规矩，不成方圆。没有明确的目标、严明的纪律和具体的要求，是难以完成育人任务的。但是，要严而有格，把握好尺度。超过了尺度，就是违反了规律，往往事与愿违。

中小学生还处于发育成长阶段。由于生活阅历、文化知识的局限，很多成年人可以想到、做到的事情，他们往往想不到也做不到。很多事情成年人不去想、不去做，他们却非常好奇地想到了、去做了，这就是他们的特点。这就是他们为什么需要正面引导的原因。

严格要求要符合中小学生的心理特点和认识规律，不能把自己的主观愿望一味地强加给学生。要循序渐进，由低到高，不能一蹴而就，一次完成。要以身示范，坚持正面启发与引导，不能强迫命令。

对于关系到学生现在与未来人格的素质要素，比如意识、品行、情感、理想、毅力等，要严格，要一丝不苟，要紧抓不放。对于反映学生天真烂漫童心的举动，比如追逐打闹、偶犯错误，甚至故意恶作剧等，要宽容或点到为止，不要揪住不放。

严格要求应理解为坚定的目标和严格的标准，而不能曲解为严厉的态度和冷峻的面孔。我们完全可以用微笑的面孔、和蔼的语言说服教育学生，引导其达到既定的目标和标准。既严格要求，又宽松融洽，学生生活在一个健康、祥和、宽容的环境里，有利于他们茁壮成长。

二

好奇，无所顾忌，情绪易波动，自控能力差，是中小学生共同的特点。他们有时候无忧无虑，无拘无束，胆子很大，有时候又情绪低落，常会做出一些让人意想不到的事情。这是一个人从不成熟走向成熟的必然过程，作为老师应该理解。

所谓管理，不是卡住不放，把人管死，而是在共同的目标基础上、相同的规章制度下，理顺关系，激发活力，创造性地达到既定目标。

德育工作同样如此。中小学德育工作就是围绕如何做人这一共同目标，在社会道德规范的制约下，让学生在实践中经受锻炼，增长才干，成为对社会有益的人。

管得太细，卡得太死，学生这也不对，那也不行，容易使学生这也不敢做不敢想，那也不敢做不敢想，无疑会扼杀他们的童心、泯灭他们的个性，对学生的成长是不利的。所以，老师要注重学生个性的培养，指导学生通过实践，增长知识，学会做人。

三

凡是人，都有自尊心，都希望受到别人的尊重。中小学生也是这样，他们好胜心强，喜欢表扬，希望受到老师和同学的尊重。

自尊心是伟大的人格力量，要认识学生的自尊心，要满足学生的自尊心，千万不要伤害了学生的自尊心。虽然有时候中小学生的自尊心幼稚、单纯，甚至狭隘，或许还含有虚荣的成分，但是也要精心保护，要坚持正面引导，使它成为伟大的人格力量。

师生之间首先是朋友关系，是一个大朋友有责任帮助小朋友、小朋友有义务接受大朋友帮助的关系。既然是朋友，就要互相尊重。而老师能否受到学生以及全社会的尊重，首先取决于老师是否尊重学生。实践表明，只要老师尊重学生，一定能换来学生对老师的尊重。

我们一贯倡导的“多鼓励，少批评”“表扬时要当众，批评时要个别”等教育原则和方法，正是出于维护学生自尊心的需要。我们三令五申严禁的讽刺、挖苦、体罚或变相体罚等，也是为了保护学生的自尊心。

老师尊重学生，不仅仅是为了满足学生自尊的需要，更重要的是教育的需要，是为了唤起学生对老师的尊重，换来学生一颗平静的心，“亲其师，信其道”。一旦学生对老师怀有尊重、崇敬的心态，老师的话他就愿意听从，坚信不疑并且乐于实践。

四

寸有所长，尺有所短。每个中小学生都有自己的长处，又都有自己的不足。作为老师，要全面地看学生，既能看到优点也能看到不足。

我不同意把学习成绩不理想的学生称作“差等生”，把学习成绩不理想又经常出点小差错的学生称作“双差生”。第一，它伤害了学生的自尊心，不利于激发学生的自信心。第二，它没有辩证、发展地看学生，容易对学生、老师和家长形成误导。

所以，要确立正确的学生观。所谓“差等生”，是学习一时有困难的学生。所谓“双差生”，是学习一时有困难和行为一时有过失的学生。只要引导得法，激发起学生的自信心，所有学生都会在原有的基础上得到提高。

老师应把所有的爱，洒向所有的学生。越是一时有困难和一时有过失的学生，老师越要付出爱心。每个老师都应该坚信，只要你付出了，就一定会得到回报。

五

自立、自强、自尊、自信，基础在自信。人的成功靠自信，中小学生的成长与提高也要靠自信。因为自信是一种伟大的内在动力，它可以战胜一切困难，从而获得成功。

老师应该看到，所有学生都是具有自信心的，他们按时到校，按时上课，争相回答老师的提问，努力完成作业等，就是自信心的表现。即使学习一时有困难的学生，自信心也没有泯灭，他们充满憧憬，希望有一天突然出现奇迹。

对于中小学生的自信心，不是去发现，而是去激励。“相信你一定会成功”这句话，应该成为每位老师对每个同学发自内心的口头禅。

让学生体验成功的喜悦，这是培植自信心、发展自信心、坚定自信心的有效途径。学生体验成功的喜悦越多，自信心就越强。

老师有着让学生体验成功喜悦的得天独厚的条件。几句肯定的话，几行赞美的批语，一个默认的微笑，都可以成为学生前进道路上的“加油站”。

教育的艺术在很大程度上是激发学生的自信心。

六

老师对学生要富有同情心，高兴学生所高兴的，伤心学生所伤心的，这是师生关系亲密无间的主要标志。

老师在学生的心目中是神圣的。每当同学之间互相争论得不可开交时，一旦一个同学打出老师的旗号，声明这是“老师说的”，争论便会立刻平息下来。由此得出警示，每个老师必须检点自己的言行，对学生富有同情心。只有富有同情心，才能客观、公正地对待学生，才能建立亲密融洽的师生关系。

学生在家庭里不会感到危险，因为父母富有同情心。要使学生在学校里感受温暖，感到安全，老师必须富有同情心。

同情心是爱的传递。当学生体验到老师的爱的时候，他们会感到我们的社会是美好的，人们是善良的，从而成为一个充满爱心的人。

七

我们强调正面教育学生，并不意味着对学生没有批评，没有处分。恰恰相反，对学生的批评与处分不仅是存在的，而且是必要的。批评与处分学生作为一种教育手段，它的全部目的都在于帮助学生提高认识，健康成长。

批评与处理学生比评选与表彰学生困难得多。正因为困难，所以才需要我们在实践中去探索、去研究和总结。

中小学生中出现的错误，绝大多数不是有意识的故意行为，而是不成熟的表现。这是我们批评、处理有过失行为学生时应该注意的重要一点。只有意识到这一点，才能做到恰如其分，动之以情，晓之以理，真正起到教育作用。

批评与处分是一门艺术。其中最重要的一点就是“冷处理”。如果遇到学生的过失时你能保持一个冷静的头脑和平静的心态，想好了如何去批评，效果一定会更好。

八

一项调查表明，学生喜欢乐于交谈的老师，因此无论是班主任老师还是科任老师，都应该利用一切可以利用的时间与学生交谈，听他们的心声，谈自己的想法。

与学生交流，要放下老师的架子。可以说自己成功的，也可以谈自己失败的。师生心心相通，本身就是感染。

与学生交流，还可以从学生那里汲取营养，听到在成年人中不曾听到的信息，学到从成年人身上学不到的东西。

中小学老师应该具有“童心”，因为工作的对象是具有童心的学生。老师只有具有了童心，才能与学生心心相印，教育效果才会明显。所以，老师不能把自己关在屋子里，也不能滞留在课堂上，而应该到学生中去，将自己融入学生群体，在童真纯稚的氛围中回归童心、萌生童心、保持童心、发展童心。

愿每位老师都具有童心，永远具有童心。

为了明天

这里的每一篇讲话都激动人心，因为我们的天空中飘扬着神圣、庄严的五星红旗。

这里的每一篇讲话都意味深远，因为我们的大地上站立着单纯、可爱的未来擎旗人。

这里有苦难的追忆，辉煌的再现。

这里有智慧的火花，正义的回声。

这里有文明的呼唤，民族的重托。

为此，我很高兴把《国旗下的讲话》推荐给大家。

一

历史总是沿着昨天、今天和明天的轨迹向前延伸。

昨天是珍贵的。兴衰荣枯、沧桑巨变，都是无价的精神财富。

今天是可爱的。不懈追求，重大变革，都是永恒的时代杰作。

明天是美好的。远大志向，宏伟蓝图，都是奋发的必然结果。

反思昨天，把握今天，追求明天。一个民族、一个国家应该这样，一个人也应该如此。

二

明天是什么？

明天是希望。憧憬美好，崇尚创新，企盼成功。人不能没有希望。正是有了希望，人们才有了勇往直前的动力源泉。

明天是追求。认真负责，踏实刻苦，始终如一。人不能没有追求。正是有了追求，人们的愿望才变成了现实。

明天是责任，关爱他人，服务社会，努力奉献。人不能没有责任。正是有了责任，我们的社会才变得祥和、文明和昌盛。

三

每个人的身后都留有一串值得回忆的印迹。

每个人的面前都横着一条公平的起跑线。

为了明天，让我们从自我做起。

为了明天，让我们从今天开始。

只要你肯付出，必然有所回报。

成功了，收获是微笑。

失败了，站起来，继续向前，照样是英雄。

后　　记

1999年，我办理了退休手续，除了帮助《德育报》看看稿件，有了更多的时间回味已经做过的工作，思考教育上的一些问题，于是便鼓着勇气写起了给老师的建议。

苏霍姆林斯基曾写过一本《给教师的建议》，我读过，受益很大。教育工作有着自身的客观规律。国外的有益经验我们应该虚心学习，大胆借鉴，努力实践。我们自己的经验，更应该勤于总结，发扬优点，减少失误。这些东西断断续续写了近两年。《德育报》的同人们给了我真诚的支持，鼓励我写下去。连续刊登后，读者们又给了我热情的鼓励，有的来信咨询，有的在电话中和我讨论，还有的索要书稿。中小学生喜欢表扬，年龄大了的人也喜欢鼓励，于是便凑了个整数，写了100篇。其实刊登出来后细细一看，我是很不满意的。有的说得不深不透；有的虽然提出了问题，但缺乏可操作性的好办法；还有的站得不高，看得不远，缺少对教育客观规律的深刻解剖和理论分析。不过，无论提出多少条建议，核心只有一个字：爱。老师要爱学生。有了爱，老师就有了不竭的动力源泉，就没有过不去的火焰山，就没有教不好的学生。

感谢山西教育出版社，特别要感谢樊爱香责任编辑，她不仅审阅了全书，而且许多地方还做了修改和补充。感谢梁平、孙铁诸同志，是她们的肯定，才使我下了出版的决心。

我和张卓玉同志合作共事十多年，后来他担任了山西省实验中学的校长。之所以请他作序，是因为他眼光敏锐，勇于实践，理论水平比我高。他说了许多褒扬我的话，其实我愧不敢当——自知之明还是有的，我仍然认为这是一种支持和鼓励。他到底是内行，指出“百条建议的一个首要前提：忠诚于我们的事业”。忠诚包含着责任感和爱心。教育是一种需要责任感和爱心的事业。只要忠诚于我们的事业，我们就会创造出更加光辉灿烂的明天。

陈茂林

2001 年 5 月